초강달러 시대, 돈의 흐름

금융위기를 대처하는 돈 공부

초강달러 시대, 돈의 흐름

홍재화 지음

포르★세

경제 불황, 어떻게 나아가야 하는가

실물경제와 화폐경제 시스템이 동시에 한계 상황에 도달했습니다. 이제 실물경제는 지구 환경을 되살리는 ESG와 같은 인류 생존을 위한 노력으로 인하여 효율성이 떨어지고, 화폐경제는 너무 오래 지속된 달러 기축통화 시스템으로 인하여 효율성이 떨어집니다. 그리고 달러는 약해지고, 나머지 통화는 더 약해집니다. 그래서 달러가 상대적으로 강해집니다.

전 장사를 하고 무역을 합니다. 전에는 '필맥스', 지금은 '비바미(vivame)'라는 브랜드로 맨발신발, 어싱신발을 개발해 중국과 한국에서 제조, 수입, 판매하고 있습니다. 1996년 파나마에서, 내 장사를 하겠다고 무역을 시작한 이후 필연적으로 환율, 특히 원/달러 환율을 늘 접했습니다. 그중 가장 기억이 남는 것은 유로화로 거래하면서 원/유로화의 극심한 변화로 짭짤하게 재미 본 일, 장사꾼이 자기 본질에서 벗어난 과욕을 부리다 손해 본 것을 실감한 일, 중국인이든 일본인이든 세계 대부분의 거래 파트너들은 자국 통화보다는 달러 거래를 더 선호하는 사실, 그리고 파나마와 같이 자국 통화로 미국 달러를 쓰면서 안정된 경제를 유지하는 나라가 있다는 것이었습니다.

달러는 무역하는 사람만 알아야 한다고요? 채권, 주식 투자하는 분들에게 달러에 대한 지식은 필수입니다. 외국인 투자자들의 동향을 알아야 하니까요. 동네 삼겹살집도 달러 환율에 따라 삼겹살 원가가 오르내립니다. 양말 짜는 원사 값도 달러에 따라 달라집니다. 세계는 달러로 촘촘하게 엮여 움직입니다. 달러의 움직임, 즉 환율을 알면 글로벌 거시 경제를 알게 됩니다. 그럼 세상 움직임에 누구보다 조금이라도 빨리, 최소한 늦지는 않게 대응할 수 있습니다. 그런데 요즘 들어 환율 움직임이 매우 불규칙하고 빠른 속도로 변하고 그 변동 폭도 커졌습니다. 그러니 한국 경제가 불황에 빠질 것이라는 전망도 많이 나옵니다.

불안해서 이 책을 썼지만, 쓰고 나니 더 불안해졌습니다. 그래도 밝은 길을 찾으려고 애썼습니다. 전 책을 많이 읽고 씁니다. 제가 책을 좋아하는 것도 있지만, 더 큰 이유는 불안해서입니다. 사업이 망해서 신용불량자가 되어 개인 회생하면서 10년을 살았습니다. 지금 겨우 회복했지만, 앞으로도 계속 잘 산다는 보장은 없습니다. 놀면서 살지는 않았지만 제가 부지런한 것보다 세상은 더 부지런히 변합니다. 사업이 망하지 않게 조금이라도 더 잘하려고, 조금이라도 더 오래 해보려고 하는데 쉽지 않습니다. 이 책도 그런 노력 중 하나입니다. 왜 세상은 점점 더 살기 팍팍해지는지 실물경제와 화폐경제의 측면에서 보았습니다. 헛된 희망보다는 힘들어지는 미래를 착실하게 준비하는 대안을 만들려고 애썼습니다. 금융투자자와 실물 거래 장사꾼은 물론이고 개인들의 자기 계발도 나름 정리해보았습니다. 한국이 나아가야 할 길을 가장 중점을 두어 고민하면 썼습니다.

또 포르체 박영미 대표님에게 감사드립니다. 처음 이 책을 제안받았을 때 난감했습니다. 제 주변 사람들은 모두 반대했습니다. 달러가 고점을 찍고 약해지고 있는데 강달러, 초강달러 책을 쓴다니 시류에 역행한다고요. 게다가 전 환율 전문가라기보다는 무역회사 사장이니 시장에서 인정해줄까 하는 의구심도 들었습니다.

서너 달 만에 책을 마무리했습니다. 쓰는 기간 내내 달러는 약해졌습니다. 강달러 기준인 1,225원을 넘었지만, 1,449원 이미지가 강해 달러가 약해진 것으로 보였을 뿐이었습니다. 다시 1,300원을 넘으면서 '다시 달러가 강해지나?', '혹시 킹달러가 되는 것은 아닐까?' 하는 걱정이 외환시장을 덮기 시작했습니다. 쓰면서 정말 내 생각이 맞을까? 맞으면 어쩌나? 라는 불안감이 들었습니다. 그럼 세상이 어려워진다는 의미니까요. 불행히도 세상은 실물경제나 화폐경제가 불황의 늪을 피해 가기 쉽지 않아 보입니다. 덜 나빠지거나 좋아지기 위해 내부적으로 단합하면 중국을 뛰어넘는 가격 경쟁력, 불필요한 군비 지출과 보이지 않는 갈등 비용을 아낄 수 있으리라 생각합니다. 그 힘을 모아 경제 위기를 극복하고 세계 경제와 문화를 선도하는 국가로 나아갈 수 있습니다.

이제 화폐경제로 인한 거품이 본격적으로 빠지고 있습니다. 저평가된 실물경제는 가치를 올리게 되고, 마구 사용했던 지구 환경은 인류에게 제값을 치르도록 하고 있습니다. 모두가 어려워질 것이라는 예측은 쉽게 하지만 어떻게 극복할지에 대해 뾰족한 수가 없어 난감해하고 있습니다. 이 책은 제 책 중에서 가장 힘들게 썼습니다. 내용이 어렵다는 게 아니라, 되도록 밝은 미래를 보여주는 결론을 내려고 애썼습니다. 기껏해야 '열심히 잘하면 그래도 현재 수준은 유지할 거야', '다른 나라보다는 덜 나빠질 거야'라고 끝맺음하게 되었습니다. 이 책을 쓰면서 제 사업의 강달러 시대 대응책을 만들었습니다. 부디 이 책이 여러분들의 미래를 준비하는 데 도움이 되기를 바랍니다. 내용상 오류가 있다면 너그러이 질책해 주시기를 부탁드립니다. 더 잘 쓰는 무역회사 사장, 홍재화가 되도록 노력하겠습니다. 감사합니다.

2023년 3월, 홍재화

목차

Chapter 1

경제 불황이 시작되고 있다

Chapter 2

달러, 국제 금융의 중심

환율을 알아야 하는 이유

달러는 기축통화를 유지할 수 있을까?

도전받는 기축통화, 달러 vs 위안화

Chapter 3

기회는 위기의 탈을 쓰고 온다

경제 불황이
시작되고 있다

불황은 계속 이어진다

암울한 경제 전망과 달러 강세

나는 현재 작은 무역회사를 운영하고 있다. 장사를 하다 보니 세상의 빠른 변화를 더욱 실감한다. 엎친 데 덮친 격으로 경기 침체까지 계속되면서 어려움이 이만저만이 아니다. 이미 두 번 정도 사업에 실패한 적이 있기에 아무리 어려워도 포기할 수 없다. 그래서 이런저런 궁리를 많이 한다.

물론 내가 신발을 열심히 팔기도 해야겠지만, 역시 세상 돌아가는 것을 알아야 한다. 장사는 운칠기삼(運七技三)이라고 하지만, 내가 생각하기에는 운구기일(運九技一)은 되는 듯하다. 확률상 장사해서 성공하는 사람이 10%가 채 되지 않기 때문이다.

사업하기에 대내적으로는 상황이 나쁘지 않지만, 대외적인 환경은 불안 그 자체다. 높아진 환율은 마진의 상당 부분을 상쇄하고 있으며, 중국의 공장은 코로나19 때문에 늘 불안하다. 대유럽과 대미국 수출도 미·중 관세전쟁 때문에 장벽이 높아졌다.

대부분 경제 전문가들은 2023년에 전년도보다 더 심한 경제 불황이 올 것이라고 예상하고 있다. 그런데 세상이 참 야박하다. 사업을 하다 보면 사업이 잘될 때보다 상황이 어려울 때 돈이 더 필요하지만 그럴 때일수록 수중에는 돈이 바짝 마르기 일쑤다. 경제적으로 어려워지면 은행도 빌려주었던 돈을 회수하려고 한다. 오죽하면 마른 날 우산 빌려주었다가 비 오면 우산 가져간다는 말까지 있겠는가?

세계 경제도 이와 다르지 않다. 세계의 돈줄인 미국은 달러 공급을 줄이고 있지만, 정작 미국 이외의 나라들은 달러가 더 많이 필요한 상황이다. 달러가 기축통화인 지금 상황에서 중국도 위안화로는 석유나 식량 같은 필수품을 구매하지 못한다. 그들 역시 달러가 필요하다. 식량, 에너지 게다가 젊은 인구까지 안정적으로 보유하고 있는 미국은 세상에서 경제적으로 가장 안전한 나라로 꼽히고 있다. 게다가 부패하고 경제가 불안정한 나라의 부자들은 미국처럼 안전한 곳에 돈을 감춰두려는 경향이 있다. 그러다 보니 전 세계적으로 달러의 공급은 계속 줄어드는데, 그 줄어든 달러마저 미국으로 쏠린다. 또한, 경제가 불안하고 하락세를 이어갈수록 사람들은 안전자산에 투자하려는 성향이 강해진다. 그렇기에 달러에 대한 수요는 앞으로도 계속될 것이다. 이것이 내가 달러 강세를 예측하는 이유다.

경제 불황이 올 수밖에 없는 이유

경제 불황을 두려워하는 글이나 뉴스를 보면서 오래전에 발간된 책들을 다시 보았다. 애널리스트 출신으로 증권사 CEO까지 오른 홍성국 의원은 《글로벌 위기 이후》라는 책에서 2008년도에 경제 위기가 올 것을 예상하고, 2008년 이전과 같은 경제적 호황은 더 이상 없을 것이라고 단언한다. 실제로 한국의 경제 성장률은 1975년 15%를 정점으로 점점 낮아졌고, 세계 경제 성장률도 1975년 6%를 정점으로 점차 낮아지고 있다. 호황과 불황을 오가는 경기 순환 사이클의 주기도 점점 짧아지고 있다. 이는 경기 호황과 같은 좋은 시절이 계속 사라지고 있다는 의미다. 그야말로 '아, 옛날이여!'라고 노래 부르는 시대가 온 것이다.

2022년에 시작된 경기 불황은 2023년을 지나 2024년에도 계속될 것이라는 전망이 많다. 어쩌면 더 오래 갈 것이라고 예상하는 전문가들도 있다. 경제 불황은 왜 오는 것이며, 왜 이번 불황이 전보다 더 길어질 것이라고 예측하는 걸까? 그 이유를 호황과 불황이 오는 순환적인 사이클로 설명하는 경우가 대부분이다. 대부분 경제 전망은 금융적인 측면에서 분석하기 때문에 금리와 화폐 경제의 문제로 해석하려는 경향이 있다. 이는 이제까지 경제를 이끌어 오던 방식이기도 하다. 하지만 세상은 엄연히 실물경제를 바탕으로 움직이고, 실물경제는 거의 바닥을 보이기 시작했다고 보는 게 나의 견해다.

나는 지구 환경이나 실물경제가 한계에 도달했다고 생각한다. 너무 극단이고 비극적인가? 실물경제 차원에서 보면 인간의 물질 문명은 이미 지구 자원 용량의 한계에 접근했다. 영국의 경제학자 토머스 맬서스는 《인구론》이라는 책에서 "인구는 기하급수적으로 증가지만, 식량은 산술급수적으로 증가한다."라면서, 인구 증가 문제를 해결하지 못하면 결국 인류는 머지않아 식량 부족 사태를 겪게 될 것이라고 했다.

우리나라에서도 수십 년 전에는 인구가 늘어나면 안 된다, 인구 수를 줄여야 한다며 각종 정책으로 야단법석을 떨었다. 다행히 아직 인류는 맬서스가 예언한 불행 사태를 경험하지 않고 있으며, 오히려 세계 인구가 70억 명이 넘었음에도 식량이 남아도는 일을 쉽게 볼 수 있다. 보통 서민들도 100년 전의 왕보다 더 많은 물질과 에너지를 쓰며 살고 있다. 그래서 맬서스의 예언이 틀렸다는 견해도 있다. 과학기술의 발전으로 식량 생산의 한계를 극복했다고 보는 것이다. 그러나 맬서스의 식량 부족에 대한 견해를 지구 자원, 특히 대기권에 있는 산소와 탄소 등 공기까지 넓혀 본다면 그의 이론이 맞을 수도 있다. 기후 변화는 인류의 한계를 시험할 것이다. 현재 인류는 환경 문제로 공포에 질려가고 있다. 그만큼 예전처럼 지구 자원을 마구잡이로 캐내기가 어려워졌다.

예전에는 인간의 기술이 무한히 발전하여 지구를 벗어나는 날이 올 것이라고 생각했다. 하지만 현재 과학의 발전 속도로 보면 지구가 아닌 새로운 행성에 가서 사는 것은 머나먼 미래의 일처럼 느껴지고 실현 가능한 일인지도 의문스럽다. 대신 지구온난화로 인해 남극과 북극의 빙하가 녹아내리고 지진, 태풍, 해일 등으로 인한 자연재해 피해 규모가 커지며 머지않은 미래에 육지의 상당 부분이 물에 잠길 것이라는 과학적 예측에 신빙성을 더해준다.

그런데 이보다 더 겁나는 것은 지구 생태계 내의 생물 다양성이 줄어들면서 정글이나 북극 얼음 속에 갇혀 있어야 할 바이러스가 인간에게 침투해 재앙을 일으키고 있다는 것이다. 2019년 시작된 코로나19사태는 수백 년 전 중세 시대에나 겪었던 전염병 발병을 첨단 의학 발전의 시대인 현대에도 피하지 못하고 있음을 여실히 보여준다.

지구상의 많은 나라에서 인구가 줄고 있다. 지구에는 얼마나 많은 사람이 살 수 있을까? 사람이 늘어나는 게 좋을까, 아니면 줄어드는 게 좋을까? 당신이 한국 사람이라면 한국 사람은 늘고, 다른 나라 사람들은 줄어드는 게 좋다고 말할지도 모르겠다. 왜냐하면 포화 상태인 지구의 환경을 보호하기 위해서는 인구가 더 줄어야 하기 때문이다. 그러나 세상의 모든 일은 사람이 있어야 가능하다. 사람 없이는 아무 일도 일어나지 않는다. 지금까지는 사람이 늘어날수록 경제도 발전했다.

그런데 지금 역사에 없던 일이 생기고 있다. 국제연합(UN)의 2020년 세계 인구 전망에 따르면 27개국이 2010년보다 인구가 적고 2050년이 되면 중국을 포함한 55개국이 인구 감소를 경험할 것이라고 한다. 인구 감소는 경제 성장이 느려지거나 생산량이 감소한다는 것을 의미한다. 인구가 줄어들면 적은 수의 사람들이 더 적은 물건을 만들고, 더 적은 수의 사람들이 더 적은 물건을 소비하게 되는 것이다. 그럼 세계는 당연히 더 적은 상품과 서비스를 수출하고 더 적게 수입한다. 결과적으로 세계 경제는 지금보다 더 축소되고, 현재의 생산과 소비 시설들은 과잉으로 남아돈다.

착한 기업이 돈 버는 시대?

인류 생존의 문제

2022년 들어 지구의 이상 기후가 더 잦아진 느낌이다. 아마도 내가 ESG의 필요성을 실감했기 때문일 수도 있다. 나는 《트레이드 워》라는 책에서 ESG가 글로벌 무역에 미치는 영향에 대해 자세히 설명한 적이 있다.

이 모든 환경 악화의 원인은 70억 명이 넘는 인간 사회를 지탱하기 위한 소비 때문임을 우리는 안다. 그래서 식량 소비를 줄이고, 플라스틱 사용을 억제하고, 자연환경을 보전하자는 이야기를 하면서, 기업에 생산을 자제하고 환경에 더 신경 쓰라고 강요하기 시작했다. 강요 정도가 아니라 환경 보호하지 않으면 회사가 어려워질 수도 있는 규범이 만들어졌다. 바로 ESG다.

ESG는 환경(Environmental), 사회(Social), 지배 구조(Governance)의 머리글자를 빌려 만든 용어로, 지속 가능한 발전을 위해 환경친화적이고 사회적 책임을 다하며 지배 구조의 투명성을 보장하는 경영 활동을 요구하는 사회적 규범이다. 기업의 경영과 성장을 지속하기 위해서는 재무적 성과뿐만 아니라 비재무적 성과와 리스크도 관리해야 한다는 공감대가 확산되고 있다. ESG는 자원을 소비해 이윤을 창출하던 기업에 사회공헌활동(CSR)을 넘어 생존 전략으로 강요되며 중요성도 점점 커지고 있다.

ESG가 구체적으로 의미하는 바는 지구 온도가 섭씨 1도 이상 올라가지 않게 하자는 것이다. 우선 기준부터 잡아야 하는데, 그 기준은 산업화 이전인 19세기 초반 유럽 온도이다. 왜 1도가 중요한가? 기준이 되는 온도에서 1도만 오르고 내려도 지구 기후가 바뀌어 인간의 생존에 큰 영향을 준다. 이 온도보다 1도 낮았던 17세기에는 식량 부족으로 세계 곳곳에서 반란이 일어났다. 사람도 정상 체온 36.5도에서 1도만 높거나 낮으면 손을 제대로 움직이지 못하고, 2도 높아지면 저혈압으로 쓰러진다. 지구나 사람이나 1도의 변화는 그럭저럭 버티는데, 1.5~2도 변하면 자체적인 온도 유지 시스템이 무너지면서 아예 시스템 자체가 망가진다.

그만큼 1도의 차이가 중요한 것이다.

현재 지구의 온도는 산업화 이전보다 섭씨 1도가 올라간 상태라고 한다. 인류가 이제껏 살아온 것처럼 살아간다면 지구는 견디지 못한다. 지구가 견디지 못하면 사람도 지구에서 사는 것이 불가능하다. 따라서 지구 온도 상승 속도를 늦추는 것은 물론이고, 현재의 온도를 낮추어야 인류가 생존할 수 있다. 그러려면 사는 방식을 바꿔 지구 자원의 소비를 줄여야 한다. 지구 자원을 이용해 제품을 만들고, 이를 소비하게 하는 기업들의 행동에 대해서도 직접적인 규제가 시작되었다. 이것이 바로 ESG이다. ESG는 인류 생존의 문제와 연결되어 있다.

ESG의 3가지 요소 중 인류가 가장 극심한 영향을 미치는 것은 환경(Environmental)이고, 환경 문제 중 가장 관심을 끄는 것은 기후 변화다. 최근 지구촌 곳곳에서 자연재해가 더 많이, 더 심각하게 발생하고 있다. 이러한 초대형 자연재해의 원인은 바로 탄소 배출량의 증가다. 기후 변화를 유발하는 탄소 배출량을 축소하기 위해 1997년 교토의정서를 채택한 데 이어 2015년 파리협정을 채택하기도 했다. 파리협정의 목표는 지구의 온도 상승을 산업화 이전 대비 2도 아래에서 유지하고, 더 나아가 온도 상승이 1.5도를 넘지 않도록 노력하는 것이다. 목표 실현을 위해서는 2050년까지 탄소 순배출량을 '0'으로 만드는 탄소중립을 실현해야 한다.

탄소중립은 비즈니스 활동에서 발생한 이산화탄소(CO_2)를 포집하거나 식목 등을 통하여 흡수하여 총량 면에서 탄소 발생을 제로(0), 즉 전혀 없도록 하겠다는 것이다.

이에 따라 스웨덴, 영국, 프랑스, 덴마크 등 유럽 국가와 중국, 일본 등이 2050년까지 탄소중립을 달성하기로 선언했다. 미국의 조 바이든 대통령은 트럼프 전 대통령이 파리협정을 탈퇴한 것을 사과하며 2021년 12월 탄소중립 달성을 내용으로 하는 행정명령에 서명하였다. 이보다 한 달 앞서 11월 말 영국 글래스고에서 열린 제26차 기후변화협약 당사국 총회(COP26)에서 105개 국가가 메탄가스 감축 선언에 동참하며 원칙적인 수준의 국제 공조를 이루었다. 그리고 이런 선언들이 구체적인 실행에 옮겨지는데, 그 대표적인 사례가 유럽연합에서 실시하는 탄소국경세다.

ESG는 온 인류에게 주어진 과제이지만, 모든 나라가 똑같은 압박감을 느끼지는 않는다. ESG를 실천하는 것이 중요해도 아직 미래 일이기에 똑같은 인류 생존의 문제를 앞두고도 나라마다 실행하는 ESG의 범위와 강도가 다르다. 예를 들면 중국은 환경 보호의 중요성을 인정하지만, 환경 보호에 중요한 역할을 하는 기업의 투명한 운영에는 고개를 젓는다. 제3세계 나라들도 마찬가지다. 피지 등 남태평양 섬나라들에게 바닷물 수위가 오르는 것은 국가 존폐가 달린 문제지만, 바다에서 멀리 떨어진 나라에겐 실감 나지 않는 먼 미래의 이야기일 뿐이다.

이러한 차이를 조정하고자 나온 것이 탄소세, 즉 탄소국경조정 제도(CBAM)이다. 탄소국경조정제도는 쉽게 설명하면 유럽 기업이 탄소 배출량을 축소하기 위해 지출한 비용을 수출 기업에게는 지원금 형태로 보전해주고, 중국과 같이 ESG 실행이 더딘 나라의 제품을 수입하는 기업에게는 부담금을 부과함으로써 전 지구적인 탄소 배출을 억제하자는 제도다.

ESG에 따른 비용 증가

유엔기후변화협약의 자료에 따르면 이산화탄소 배출량 세계 1위는 중국이며, 상위 10개국은 중국, 미국, 인도, 러시아, 일본, 이란, 독일, 인도네시아, 한국, 사우디아라비아 순으로 나타났다. 1인당 배출량으로 비교할 때 인구가 적고 석유를 생산하는 중동 국가를 제외하면 한국은 사실상 5위를 차지하고 있다. 이 결과를 보면 한국도 인구수나 자원량에 비해 탄소 발생이 꽤 많은 편이다.

문제는 탄소중립이 말로만 하자고 해서 되는 게 아니라 돈이 드는 일이라는 것이다. 한국수력원자력에 의하면 에너지 부분에서 탈원전 정책을 유지하며 탄소중립을 실현하려면 2050년까지 1,394조 원이 소요된다고 한다. 또 이 비용은 고스란히 에너지 가격 인상으로 전가될 수 있다고 한다. 제조업의 경우 주력 산업인 철강, 시멘트, 석유화학, 반도체, 디스플레이 등이 탄소 배출량이 많은 산업으로 분류되어 탄소중립에 따른 업계의 부담이 증가할 전망이다.[1]

기업이 어떻게 ESG 규범을 지키는지 공표하게 하는 것도 기업의 업무를 가중하는 것이다. ESG는 기업의 비재무적 가치를 중시한다고 하지만, 재무적으로 비용이 많이 들어가는 것은 사실이다. 또한 ESG를 지키지 않아 받게 되는 사회적 비난은 기업 운영에 치명적인 악영향을 줄 수 있다. 게다가 기업의 사회적 책임(CSR) 이행은 자발적이고 선택이 가능하지만, ESG는 의무이다. 이를 실행하기 위해서 기업은 필수적인 비용을 부담해야 한다. 기업 경영은 이윤을 극대화하는 활동인데 ESG는 비용을 발생시킨다.

장기적으로는 ESG가 환경 및 사회적 가치를 창출하면서 자본 비용도 낮추는 효과가 있다고는 하지만 비재무적 지표이고 오랜 시간에 걸쳐 나타나는 평가 요소다. 결국 기업들은 미래의 추상적인 가치를 위해 지금 당장 시간과 비용을 지불해야 한다. 기업

---

1   류재원, 홍재화, 《트레이드 워》, 시공사, 2022

은 인류가 생존하기 위하여 환경을 지키고, ESG 경영을 추구하는 데 적지 않은 비용을 투자해야 한다. 기업에 대한 규제가 생기면 정부는 물론이고 민간단체에서도 기업의 활동에 제재를 가하며 감시하기 시작한다.

글로벌 ESG 표준이 필요하다

탄소중립을 실행하고 ESG를 강화하기 위한 법률적 제도가 미국은 물론 한국에서도 제정되고 있다. 물론 ESG를 실천하는 것은 정말 중요하다. 그런데 인류는 그 중요성을 너무 늦게 알았고, 알고 있음에도 아직 뭉그적거리며 우왕좌왕한다. 그러면서 ESG의 실행 주체인 기업에게는 막무가내로 압박을 주고 있다.

ESG 평가에 있어서 MSCI(Morgan Stanley Capital International), 블룸버그, 톰슨로이터, FTSE러셀, 다우존스SI, CDP(Caborn Disclosure Project) 등이 영향력이 큰 평가기관이다. ESG 기준은 평가기관마다 상이하나 평가 절차는 비슷해서, 기업공시나 언론보도 등을 통해 수집하는 사전조사를 바탕으로 1차 평가 후 기업의 피드백을 받아 평가점수를 확정한다. ESG 분야에서 가장 대표적인 기준인 MSCI ESG 지수는 다른 평가기관의 벤치마크 지수로 널리 활용되고 있으며, 인덱스 펀드나 상장지수 펀드와 같은 투자상품의 근간이 되기도 한다.

MCSI는 기업의 지속가능보고서, 정부나 언론보도 등 공개된 자료를 포괄적으로 검토하여 평가를 진행한다. 평가는 10개 주제, 35개 항목으로 구성되어 있으며 평가대상 기업의 핵심 비즈니스를 중점적으로 평가하여 AAA부터 CCC까지 7단계로 등급을 부여한다. 그런데 각 항목마다 연관성이 크지 않다. 단일 항목만 평가하는 것이 아니라 모든 항목이 ESG 요소에 들어가고, 이 모든 항목에서 좋지 않은 평가를 받으면 기업은 투자자로부터 새로운 투자를 받지 못할 뿐만 아니라 기존에 받았던 투자마저 지속성을 보장받지 못한다. 그러니 평가받는 기업은 꽤 신경을 써야 한다. 또, 의사 결정자는 ESG 실행 및 보고에 대한 엄청난 양의 전문 데이터를 분석해야 한다. 더 큰 문제는 ESG 보고가 아직 표준화되지 않았다는 점이다.

계속되는 경제 침체

ESG는 앞에서 이미 설명한 바와 같이 환경, 사회적 책임 그리고 지배 구조에 관한 기업 활동 규범이다. 아직 국제적인 표준은 없지만, 이미 기업들은 ESG로 인한 압박감을 느끼고 있다. ESG는 분명 더 오래전에 실행되었어야 할 지구 보전을 위한 지침이다. 왜냐하면 이미 지구는 지나치게 많은 인구와 인간의 착취로 한계에 도달했기 때문이다. 향후 인간이 지구에서 계속 살 것인지 살지 못할 것인지는 ESG 실천 여부에 달려 있다고 해도 과언이 아니다. 그래서 이 ESG는 지구 환경과 약자들을 존중하면서 생산하라는 강제 규범의 성격을 띠고 있다.

문제는 ESG가 장기적인 면에서 보면 여러 성과를 낼 수 있는 방법이 될 수도 있으나, 단기적으로는 상당한 비용과 수고를 지불해야 한다는 점이다. 이는 기업 생산성에 분명 어려움을 줄 것이다. 글로벌 무역에서도 ESG 준수 여부는 자유무역을 뛰어넘은 강력한 규제가 되고 있다. ESG를 안착시키지 못한 기업은 자칫하면 수출길이 막힐 수 있다. 특히 ESG에 가장 많은 신경을 쓰는 유럽에 대한 수출은 아예 막힐 수도 있다. 환경을 지키지 못하면 기업들은 투자받는 것은 고사하고 사회적 비난을 견디지 못한다.

문제는 ESG와 생산성의 균형을 이룰 수 있는지다.

ESG가 나라마다 특성을 살린다는 이유로 다른 나라 기업에 대한 보이지 않는 무역 장벽이 되기도 한다. 현재 글로벌 ESG 표준이 없어 그야말로 중구난방이지만 기업에는 의무적으로 적용되고 있다. 그리고 이를 다른 나라에서 수입되는 제품에 자국의 기준이 적용되기를 강요한다. 결국 글로벌 ESG 표준의 필요성이 대두되고, 어느 나라의 기준이 글로벌 표준이 되는가는 또 다른 경제, 무역패권전쟁의 일환이 되고 있다. 그 과정에서 ESG가 환경 보호라는 본질에서 벗어나, 기업의 효율성을 갉아먹는 평가기관의 먹거리로 전락할 수가 있다는 염려도 깊어지고 있다. 기업의 측면에서 보면 자신들의 생존 목적과는 너무나 거리가 멀고 추상적인 지구 환경, 인류 생존이라는 부담을 짊어진 셈이다.

ESG 경영 개념이 도입된 이후, 기업은 자신의 생존을 위해 실적과 기업 가치를 올릴 뿐만 아니라 사회적 기여 수준도 고려하게 되었다. 기업이 이러한 난관을 겪은 여파가 작게는 소비자에게, 크게는 경제 전반에 적지 않은 영향을 미치고 있다. 환경 변화는 전반적으로 자원 및 환경 이용 비용을 크게 증대시킬 것이다. 이로 인하여 기업의 활동은 당연히 위축된다. 증가된 비용을 소비자가 부담하면서 사람들은 자의 또는 타의로 소비를 줄이기 시작했다. 소비와 생산 측면에서의 실물경제는 당연히 나빠지고 앞으로 지구 환경이 다시 좋아질 때까지 글로벌 경제의 침체는 계속될 것으로 보인다.

탈세계화와 우리나라 경제

세계 무역 규모 감소

코로나19는 생활의 많은 부분을 변하게 만들었다. 특이한 점은 코로나19가 세상이 굴러가던 방향을 바꾸었다기보다 변화 속도를 더 가속시켰다는 것이다. 코로나19 이전에도 전문가들은 경제가 축소될 것이라고 예상했다. 마찬가지로 전 세계의 무역도 코로나19 이전부터 성장 속도가 줄어들고 있었고, 심지어는 더 이상의 세계화는 없다며 무역 규모 자체가 줄어들 것이라는 예상이 많이 나왔다. 세계무역기구(WTO)의 분석에 의하면 2018년 세계 상품 무역은 전년도에 비해 금액 기준으로는 2.9% 증가했지만,

물량 기준으로는 -0.1%의 소폭 감소를 보여주었다. 한편, 2019년 세계 상품 수출의 달러 가치는 18조 8,900억 달러로 3% 감소했다. 반면 세계 상업 서비스 무역은 2019년에 증가하여 달러 기준 수출이 2% 증가한 6조 300억 달러를 기록했다. 확장 속도는 서비스 무역이 9% 증가한 2018년보다 더 느렸다.

코로나19 대유행의 경제적 충격은 필연적으로 2007~2008년의 글로벌 금융위기와 비교된다. 이 두 위기는 어떤 면에서는 비슷하지만 어떤 면에서는 매우 다르다. 글로벌 금융위기와 마찬가지로 코로나19 대유행 시기에 정부는 경기 침체에 대응하고 기업과 가계에 일시적인 소득 지원을 위해 통화 및 재정 정책에 개입했다. 그러나 질병의 확산을 늦추기 위한 이동 제한 및 사회적 거리두기는 오늘날 노동 공급, 운송 및 여행 등에 이전에는 없었던 방식으로 직접적인 영향을 주었다. 이러한 정책으로 호텔, 레스토랑, 비필수 소매업, 관광 및 제조업의 상당 부분을 포함하여 국가 경제의 대부분이 폐쇄되었다.

이러한 상황에서 그래프를 통해 미래 무역 성과는 코로나19 이후 빠른 회복을 보이는 낙관적 시나리오와 이전으로 회복하지 못하는 비관적 시나리오로 예상할 수 있다. 낙관적 시나리오는 국제무역이 팬데믹 이전 추세에 근접할 만큼 충분히 강하게 회복할

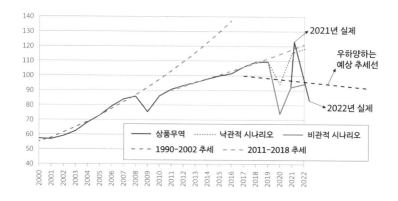

세계 상품 거래량 추세
출처: 세계무역기구(WTO)

것으로 예상하고 비관적 시나리오는 부분적 회복만을 예상한다. 불확실성의 수준을 감안할 때 초기 궤도가 반드시 후속 회복을 결정하는 것은 아니라는 점을 알아야 한다. 예를 들어 비관적 시나리오에 따라 2020년 무역량이 급격히 감소할 수 있지만 극적인 반등이 일어나 2021년 또는 2022년까지 낙관적 시나리오에 훨씬 더 가까워질 수 있다.

하지만 나는 이러한 WTO의 시나리오보다 더 비관적인 시나리오를 예상한다. 이미 글로벌 무역이 줄어들기 시작했다면, 코로나19 이후 더 가파르게 줄어들 것이라는 전망이다. 향후 미·중 무역전쟁, 코로나19 영향, 우크라이나 전쟁으로 세계 무역 규모는 더욱 감소할 것으로 예상된다. 이는 글로벌 유동성 공급, 즉 무역 거래로 인한 달러의 거래도 대폭 줄어듦을 의미한다. 위의 그래프로 말하자면 추세선이 우하향하게 되는 것이다.

미·중 무역전쟁

미·중 무역전쟁은 이미 미국과 중국의 갈등을 넘어 글로벌 경제에 심각한 영향을 주고 있다. 중국이 살라미식으로 야금야금 미국의 이익과 안보를 침해하는 것에 분노한 미국은 민주당, 공화당, 행정부 구분 없이 합심해서 중국과의 싸움에 나섰다. 이제 미국인들은 당할 만큼 당했으니 당한 만큼, 아니 그 이상으로 갚아주겠다는 독심을 품었다. 그러면서 외교적으로는 중국과 되도록 상대하지 않으면서, 경제적으로는 중국이 미국을 통해서 이익을 가져가지 못하도록 했다.

문제는 글로벌 경제가 얼기설기 엮여 있다 보니 경제뿐 아니라 정치적으로도 어려운 상황에 처했다는 것이다. 미국은 중국 편과 미국 편을 가른다. 경제적으로도 편을 가르지만, 정치적으로 편을 가르며 다른 나라들을 몹시 불편하게 만들었다. 세계가 하나의 통속에서 편하게 사고팔면 좋은데, 미국은 중국을 미국 공급망에 참여하지 못하도록 방해했다. 중국은 자국의 공산독재, 중화민족 사상을 바탕으로 내부적으로 단결하여 자급자족하겠다는 식으로 가고 있다. 미국의 '인플레이션 감축법(IRA)'이나 '중국제조 2025' 같은 계획이 바로 그 예이다. 그러자 세계 경제는 각자 공급망을 만들면서, 가급적 자급자족하자는 이야기가 나오기 시작했다.

미·중 무역전쟁이 시작되고 세계화는 죽었다는 말이 나오면서 자국 위주의 공급망 구축이 확실시되어 가고 있다. 그렇게 되면 당연히 다른 나라와의 무역은 축소되어서 글로벌 유동성 공급이나 달러의 글로벌 유통도 줄어들 것이다.

겉으로 드러난 두 나라의 논쟁 이유는 'WTO의 규범을 지키자'는 것이다. WTO는 미국이 주도하여 만든 무역 자유화를 통해 전 세계적인 경제 발전을 목적으로 하는 국제기구다. 중국은 미국의 도움으로 2001년 WTO에 가입하였고, 이는 곧 WTO의 규범을 지킬 것이라고 약속한 것과 같다. WTO에 가입했다는 것은 사실상 자유주의, 민주주의, 자본주의의 미국식 세계에 동참한다는 의미이기도 하다. 그런데 중국은 WTO의 기조와는 매우 다른 정치·경제체제인 중화사상, 공산주의, 사회주의를 유지하고 있다. 그들은 WTO의 규범을 준수한다는 것이 자신들의 정치체제를 포기해야 가능하다는 점에서 모순임을 잘 알고 있다. 그럼에도 불구하고 중국은 WTO를 탈퇴하지 않고 자유무역을 준수하되 보호무역을 넘나드는 이중적 태도를 취하고 있다. 그들은 미국식이 아닌 중국식 WTO 체제를 지지한다고 전 세계에 선언하였다. 중국식 WTO의 본질은 중국의 핵심 이익을 대변하는 것이고, 주변국이나 다른 WTO 회원국의 공통 이익에는 관심이 없다는 걸 표명한 셈이다. 결국 WTO의 규범을 존중하지 않을 것이고, 존중할 수도 없는 것이 중국의 현 체제이다.

그렇다면 중국은 왜 WTO에 계속 남아 있을까? WTO에는 세계 무역의 98%를 대표하는 160개 이상의 회원국이 있다. 또한, 20개 이상의 국가가 WTO 가입을 모색하고 있다. WTO에 가입하면 이 회원국과 한번에 무역협정을 맺은 것이나 마찬가지다. 160개 이상의 나라들과 일일이 무역 관련 협정을 맺으려면 불편함이나 혼란이 많겠지만, WTO 회원국이 되면 모든 문제가 해결된다.

WTO의 핵심 개념은 '최혜국 대우'와 '내국인 대우'다. 최혜국 대우는 다른 나라에서 수입하는 상품이 원산지가 다르다는 이유로 수입 물품 간에 발생하는 차별을 금지하는 원칙이다. 이에 반해 내국민 대우는 수입품과 국산품 간에 발생하는 차별을 금지하는 원칙이다. 그리고 또 하나 중요한 것이 이러한 개념이 모든 나라에게 똑같이 적용되었을 때 불리해지는 개발도상국에게는 특정 수출품에 대해 관세를 면제해주거나 낮은 관세를 적용하는 일 반특혜관세제도(GSP)가 적용된다. 즉, 자유무역과 더불어 공정무 역을 하자는 것이다. 결론적으로, 미국은 중국에 자유무역과 더불어 공정무역을 하자는 제안을 한 것이고, 중국은 이를 받아들였지만 이행하지 않는 것이다. 대표적인 예가 지적재산권의 침해이고, 이는 미·중 무역전쟁의 시발점이 되었다.

미·중 기술전쟁, 새로운 안보전쟁

WTO가 설립된 이후 전 세계적인 무역 자유화 바람으로 전통적 무역 장벽인 관세 장벽은 계속 낮아진 반면, 보이지 않는 다양한 형태의 비관세 장벽은 계속 늘어나는 추세를 보이고 있다. 그 중에서도 과학기술을 가진 선진 국가들은 자국 기술이나 제품 보호를 위해 기술체계를 폐쇄적으로 유지하려 하면서 마찰이 생기는 경우가 자주 발생한다.

WTO는 분쟁 해결 제도를 통해 기술이 불필요한 무역 장애로 이용되지 않도록 제도화하고 있다. 실제로 여러 나라에서 자국의 기술 관련 제도나 조치를 타국 제품이나 기술의 수출입을 금지하는 무역 장벽으로 활용하고 있다. 특히 각국의 각기 다른 기술표준 채택은 교역상 비관세 장벽으로 오용될 가능성이 크며 급속한 기술혁신은 상이한 기술표준체계의 고착화를 초래한다.

급속히 발전하는 IT 기술은 국가 간 경계를 모호하게 만드는 새로운 산업을 출현시키고 있으며 기존 통상 규범의 한계를 넘어서게 된다. IT에 기반하여 신산업과 새로운 거래 방식이 발생하지만, 이를 따라가지 못하는 통상규범 간 조화가 국제 경제 질서 확립에 핵심 사안으로 부각되고 있다. 기술무역 장벽의 주 사안으로는 국내외 업체 간 기술 규제를 차별 적용하거나, 과하게 높은 기술적 요건을 필요로 하거나, 관련 법 또는 규정의 빈번한 개정과 불충분한 의견 제시 기간 등이 있다. 특히 한국의 주요 교역 상대국인 미국과 중국이 한국에 기술 장벽을 쌓는 나라다.[2]

그런데 이것보다 더 큰 문제는 미국과 중국 간 기술전쟁이다. 그리고 그 기술전쟁의 끝판왕은 반도체다. 반도체는 현대 산업의 쌀이라 불린다. 그만큼 현대 기술이 조금이라도 들어간 물건 중 반도체 없이 만든 것을 찾기 어렵다. 영화나 드라마 같은 문화 상품도 이를 표현하는데 필요한 디스플레이에 반도체가 들어가니 미·중 간의 기술전쟁은 반도체전쟁으로 집중되고 있다. 그 와

---

2   류재원, 홍재화, 《트레이드 워》, 시공사, 2022

중에 한국은 중간에 끼이게 되었다. 반도체 거물 기업들이 한국에 있기 때문이다. 미국이 한국 반도체를 중요시 여긴다는 것은 2022년 미국 대통령이 한국에 방문했을 때 입증된 사실이다. 한국은 일본, 대만과 함께 미국의 글로벌 반도체 공급망 협의체인 'CHIP4 협력체제' 가입을 제안받았다.

미국이 설계와 장비, 원천기술, 대한민국은 메모리 반도체 생산, 일본은 소재·부품, 대만은 비(非)메모리 반도체 생산의 중심 국가들이고 이들 국가에서 차지하는 반도체 생산능력 점유율은 2020년 기준 전 세계의 68%에 이른다. 미국은 이 국가들을 묶어 동맹국 간 안정적인 반도체의 생산과 공급을 추진하고 있다. 아직 한국 정부와 기업들이 중국을 의식해 주저하고 있지만, 실질적으로 미국은 중국을 강하게 견제하고 있다. 미·중 기술전쟁에서는 미국의 일방적인 우위가 돋보인다. 이미 기술 분야는 미국이 꽉 잡고 있기 때문이다. 물론 중국도 인공지능이나 많은 인구를 이용한 데이터 바탕의 기술 등 인정받는 분야는 있지만, 이런 기술을 실현하기 위한 하드웨어인 반도체 분야에서는 미국이 확실히 앞선다. 그리고 현존하는 최고 기술은 미국이 다 장악하고 있다.

그런데 이 기술전쟁이 경제 분야뿐만 아니라 군사 안보 분야까지 전선을 넓히고 있다. 군사 목적으로 개발된 기술이라도 민간 부분에서 사용될 수 있고, 반대로 민간 목적으로 개발된 기술도 군사 분야에서 사용될 수 있기 때문이다. 사실 양국의 무역·기술전쟁은 옛날로 치면 총칼 들고 싸우는 것과 마찬가지다. 하지만 무력전쟁은 양측의 피해가 매우 크기 때문에 서로 극구 피하고 있다. 대신 미국은 중국의 경제를 말려 죽이려 하고, 중국은 어떻게든 살아남으려고 하는 형국이다. 그러면서 미·중 경제전쟁은 소비·구매전쟁에서 생산전쟁으로 넘어간다.

공급망의 재구성, 중국+a

코로나19와 미·중 무역전쟁으로 인해 세계 경제 구조가 바뀌고 있다. 그 핵심은 1990년대 이후 지속된 '세계화로 인한 과실의 중국 독점'을 해체하는 것이다. 중국은 자유, 자본주의 경제에 진입했지만, 시장은 개방하지 않고 독재 공산주의식으로 운영해왔기 때문에 많은 나라의 불만이 쌓여왔다. 그런 가운데 코로나19와 미·중 무역전쟁으로 중국 중심의 제조업 공급망에서 벗어나 중국을 대체할 생산기지를 확보하고 있다.

중국은 13억 명이라는 거대한 소비시장, 노동 인력 공급을 무기 삼아 2012년 1,100억 달러가 넘은 FDI(외국인 직접 투자)를 유치한 이래 2018년에는 1,350억 달러를 유치하였다. 그러나 활발한 자금 유치와는 별개로 자국의 시장과 제도는 외국 기업의 자유로운 진출과 퇴출을 막았다. 또한 지적재산권 탈취 등 정부 주도의 불공정 행위로, 글로벌 가치 사슬의 효율적 발전을 저해했다. 1990년 이후로 중국 이외 국가의 경제 성장을 보기 힘들었던 이유 중 하나가 중국의 과실 독점 때문이다. 이러한 불만이 쌓여 미·중 무역분쟁이 시작되었고, 코로나19는 중국 중심의 GVC(글로벌 가치사슬)를 재편하는 데 불을 당겼다.

GVC란 두 개 이상의 국가가 참여하는 생산 네트워크로, 1990년대 공산 경제권의 몰락과 중국의 자유 자본주의 시장경제 참여 이후 세계 무역의 성장세를 이끌어 왔다. GVC의 규모가 클 수 있었던 주요 요인 중의 하나는 한 번에 1~2만 개의 컨테이너를 저렴한 가격에 운송할 수 있는 해상운송 시스템의 혁신도 단단히 한몫했다. 이러한 혁신을 바탕으로 한 국가 간의 운송비 하락은 중간재 무역의 증가를 주도하였다. 만일 중간재의 이동이 불가능하였다면 하나의 상품을 생산하는 데 여러 국가가 관여할 수 없었을 것이다.

특히 최근에는 GVC를 지속 가능한 발전과 개발 협력의 주요 수단으로 활용하려는 움직임이 활발하다. 세계은행, 아시아개발은행(ADB) 등을 비롯한 다자개발은행 사이에 개발도상국 스스로 지속 가능한 개발(Sustainable development)의 토대를 마련할 수 있어야 한다는 공감대가 확산되었다. 산업 정책, 거시 경제 안정화 정책 등과 같은 경제 발전 경험을 공유하거나, 무역을 통해 경제 발전을 지원하는 '무역을 위한 원조(Aid for trade) 프로젝트'들을 늘려왔다. 이러한 원조는 단순히 개발도상국의 수출 규모 확대에만 관심을 두는 것이 아니다. 해당국 수출의 질, 즉 부가가치 관점에서 수출의 내용과 지속 가능성을 높이기 위한 시도들이 꾸준히 이어지고 있다. 이런 프로젝트가 늘어날수록 중국을 대체할 국가, 생산기지는 늘어난다.

예를 들어 현재는 청바지를 생산할 때 인도부터 시작해 파키스탄, 중국, 한국 등 여러 국가의 원부자재와 염색기술 등을 합쳐 중국 또는 한국에서 최종 제품을 만든다. 해상 운송비의 극적인 하락에 힘입어 생산비가 최적화된 여러 나라에서 부품을 들여와 조립하는 것이 한 나라에서 모든 부품을 생산하여 조립하는 것보다 저렴해졌기 때문이다. 세계화가 시작된 초창기 GVC의 분업 구조는 선진국이 개발도상국에 자본재와 중간재를 공급하고, 개발도상국은 최종재를 조립, 가공하여 선진국에 수출하는 형태였다. 세계화가 진전된 글로벌 환경에서 제조업 기반은 넓혀졌다. 특히 생산기술의 고도화는 숙련된 기술공의 필요성을 매우 낮추어 주었다. 기계가 반복 작업의 상당 부분을 흡수했기 때문이다.

기술과 자본에 강점이 있는 선진국은 개발도상국의 낮은 인건비를 이용하기 위해 자본재, 고부가가치의 중간재와 금융과 운송

등의 서비스를 공급했다. 또한 GVC에 참여하는 국가의 수가 늘어나, 중국을 비롯한 개발도상국은 세계공장 역할을 수행하며 부가가치가 낮은 단순 제조업 기지의 역할을 해왔다. 그런데 최근에는 개발도상국의 소득 증가, 기술 선진국과 후발국 간의 생산 기술 격차가 축소되어 생산 거점의 이동이 가능하게 되었다. 중국의 인건비가 상승하고 미·중 무역전쟁이 발발하자 중국을 대체하는 대표적인 국가로 베트남이 급부상했다. 베트남이 중국이 독점하던 GVC의 틈새를 파고들었다.

GVC의 변화는 주로 중간재를 수출하는 우리나라의 수출국 비중으로도 볼 수 있다. 2010년과 2022년 한국 11대 수출국과 그 비중을 보면 중국의 비중이 26.7%에서 21.9%로 줄어든 반면 베트남이 3.3%에서 9%로 늘어났다. 이처럼 한국의 수출국에서 중국의 비중이 줄어들면서 다양화하는 데 비교적 성공하고 있다. 중국을 교체할 대체 투자 지역으로는 유럽과 동남아시아가 떠오르고 있다. 한국 기업의 진출 형태를 보면 동유럽은 생산기지(유럽 진출 한국 생산 법인의 90%), 서유럽은 마케팅 거점(유럽 진출 한국 판매 법인의 59%, 연락 사무소의 69%)의 중심이다. 우리나라의 최근 5개년 유럽 직접 투자는 서유럽에 편중되어 있으나, 동유럽의 비중은 점차 증가세이며, 남유럽은 점차 하향세를 보이고 있다. 신흥 동유럽권(발칸국)이 한국 기업의 생산 거점으로 부상하고 있다.

또한 아세안 시장이 세계에서 차지하는 경제적 위상이 높아짐에 따라 외국인 투자 유입이 지속적으로 증가하고 있다. 2021년 아세안 지역으로의 외국인 직접 투자(FDI) 유입액은 1,740억 달러로 기록적인 수준에 도달하여 2019년에 기록된 팬데믹 이전 최고치를 기록했다. 동남아시아로 유입되는 FDI 증가 주요 동인에는 다국적 기업에 의한 제조 공급망의 다각화와 아시아에서 빠르게 성장하는 소비자 시장을 공략하기 위한 새로운 투자가 포함된다. 전자 제품 제조에 대한 강력한 FDI 유입과 전기자동차(EV) 관련 프로젝트는 2021년에 기록된 높은 수준의 FDI 유입에 중요한 기여를 했다. 2021년 강력한 FDI 투자 유입은 자동차 제조업 FDI의 급속한 성장에 힘입어 2020년 190억 달러에서 2021년 450억 달러로 증가했다. 이는 전기자동차 제조에 대한 FDI뿐만 아니라 전자 제품 제조에 대한 대규모 투자로 인해 강화되었다. 그리고 인도네시아는 세계 최대의 니켈 매장량을 보유하고 있을 뿐만 아니라 아시아의 자동차 제조 허브이기 때문에 전기자동차차 배터리 제조의 중요한 거점이 되었다.

한국의 아세안 직접 투자액은 2010년 이후 증가세를 보이며, 진출 기업 수도 꾸준히 증가하고 있다. 아세안 직접 투자의 목적도 과거 저임금 활용, 자원개발 등에서 최근 현지 시장 진출이 가장 큰 비중을 차지한 것으로 나타났다. 지난 30여 년 동안 중국이 독차지했던 세계화의 공고한 위치가 일시에 무너지지는 않겠지만 대안 국가들이 품목별로 상당 부분 잠식할 것은 분명하다. 특히 최근에는 미국과 중국의 주도권 다툼이 거세지면서 향후 GVC 개편에도 큰 영향을 미칠 것이다. 미국의 압력에 대항하기 위한 전략적 선택으로 중국이 GVC 참여를 줄이고 자국 내 분업, 일명 '홍색 공급망' 비율을 높인다면 이미 중국과 상당한 분업 관계를 형성한 다수의 동아시아 국가들은 자국의 생산체제를 우리나라와 같이 개편해야 한다.

이러한 글로벌 공급망의 요소 중에서 새롭게 떠오르는 위험은 정치적 불안정성이 높아졌다는 점이다. 미·중 무역전쟁뿐만 아니라 러시아와 우크라이나를 둘러싼 인도, 유럽, 러시아 간 지정학적 변화도 GVC 개편의 중요한 요소가 되었다. 특히 중국 공산당의 정책 방향과 의도를 파악하는 것이 중요해졌다. 어느 때보다 중국 내 정치, 경제 정책의 변화가 많아졌고, 또한 기업과 개인의 소유권 인정이 더욱 불명확해졌기 때문이다. 각국의 국내 정치뿐만 아니라 글로벌 정치, 경제적 변화는 기술적 관점에서 공급망을 평가하는 것만으로는 충분하지 않다. 가능한 모든 정치적 종속성을 고려하여 글로벌 공급망의 균형을 유지해야 한다.

강달러 시대, 수축하는 글로벌 경제

앞으로 글로벌 경제는 당분간 축소지향적으로 변할 수밖에 없다. 나는 글로벌 정치의 갈등 심화, 생산 효율의 저하 그리고 소비의 감소를 이유로 글로벌 경제의 축소를 예상한다.

미·중 무역전쟁, 러시아와 우크라이나의 전쟁은 지구 경제를 대이념, 동맹에 의한 경제권으로 분리시키고 있다. 그리고 이 분리는 전 지구적 차원의 경제 운영에서 이전보다 상당한 비효율을 발생시킨다. 이런 비효율은 특히 고립되어가는 중국에서 더 심해지고, 그로 인해 중국 경제는 급속히 어려워졌다. 이는 순환적으로 중국 의존도가 높은 나라들에 또 다른 위기를 가져다주었다. 즉, 저렴한 소비재 공급망의 약화와 더불어 커다란 수출 시장의 축소를 불러온다.

이러한 축소지향 경제는 마이너스 레버리지의 효과로 줄어드는 정도가 더욱 증폭할 것이다. 금융경제가 부채를 바탕으로 지구 경제를 수십 년간 키우며 레버리지 효과를 보았기 때문에 그 반대의 경우에는 마이너스 레버리지 효과가 더 크게 나타나는 것이다. 그동안 키워왔던 부채가 이제는 이자 때문에 한계에 도달했고, 그간 늘려왔던 부채를 줄이는 과정은 마이너스 레버리지 효과를 볼 것이다. 마이너스 레버리지 효과는 글로벌 소비를 줄이고 이는 자원의 소비를 감소시킨다. 아울러 자원 비용을 증가시킨다. 이런 축소지향적 순환 과정은 팬데믹과 국가 간의 갈등과 전쟁, 그리고 소비 감소로 그 속도가 높아진다.

당분간 경기 회복은 없다

나는 당분간 경기 회복은 없을 것이라고 예상한다. 왜냐하면 거품이 터질 것이기 때문이다. 현대 경제에서 가장 흔하게 나오는 단어가 '버블'이다. 사실 모두가 안다. 거품은 언젠가 터지고, 그게 언제 터져도 이상하지 않을 정도로 거품의 종말에 관한 책들이 이미 수십 년 전부터 쏟아져 나왔다. 버블 붐, 화폐의 추락,

무너지는 한국 경제, 세계화의 종말 등 경제 위기를 이야기할 때 대부분 지나친 부채의 확장을 근거로 들었다. 저성장 기조가 장기간 지속되면서 정치, 경제, 환경 등 사회 모든 영역에서 더 이상의 성장은 어려울 것이라는 의미로 '수축사회'라는 신조어도 생겼다.

《수축사회》라는 책에서 수축사회란 인구와 일자리 등 사회의 긍정적 요소들인 '파이'가 줄어드는 사회를 의미한다. 풍요롭게 발전하면서 인권도 신장되는 민주주의 사회가 팽창사회였다면, 이와 반대로 가는 사회가 수축사회다. 자녀가 한두 명인 가정에서 부모의 집중적인 보살핌을 받고 자란 아이는 자연스럽게 개인적 성향이 강해질 수밖에 없다. 그러면서 자본주의의 치명적 결함인 사회 양극화가 진행되며 거의 모든 국가에서 중산층의 소득이 급격히 줄어든다.

20세기까지는 인구가 늘면서 과학기술의 발전, 민주주의 확산으로 인한 시민권 성장 등 물질적 부와 정서적 안정이 동시에 가능한 팽창사회였다. 하지만 21세기에 들어서면서 중산층과 인구 증가 속도는 줄어들었고, 과학기술의 발전은 공산품의 공급 속도를 빠르게 만들었다. 기업들은 자신이 속한 산업의 공급과잉을 돌파하기 위해 투자를 더 많이 늘리고 경쟁자를 죽이려는 제로섬 게임에 돌입했다. 문제는 이러한 공급과잉이 인구 증가보다 빨랐고, 인구 감소 시기에도 여전히 생산량을 늘려왔다.

각국 정부나 기업의 부채에 의지한 성장은 21세기에도 계속되고 있다. 투자가 크게 늘었지만, 투자에 소요된 자금 대부분이 부채였다. 장기적이고 구조적인 정책이 필요할 때마다 해온 땜질식 처방이 수축사회로의 전환 속도를 가속화시키고 있다. 이것은 한두 나라의 문제가 아닌, 온 세상의 문제가 되었다.

금리, 낮지만 감당하기 어려운

국제통화기금(IMF)의 글로벌 부채 데이터베이스에 따르면 2021년 총 공공 및 민간 부채는 전 세계 국내총생산(GDP)의 247%에 해당하는 수준으로 감소했으며, 이는 2020년 최고 수준에서 10%p(퍼센트포인트) 하락한 것이다. 그러나 달러로 환산하면 세계 부채는 훨씬 느린 속도이긴 하지만 계속해서 증가하여 지난해 235조 달러에 이르렀다. 부채 비율의 이례적인 큰 변동은 코로나19로 인한 경기 회복과 이에 따른 인플레이션이 원인이다. IMF는 우크라이나 전쟁이 전례 없는 수준의 공공 차입에 위험을 더하고 있다고 경고한다. 또 부채 상환을 위해 최소 100개국이 의료, 교육 및 사회 보호를 위한 지출을 줄여야 할 것이라고 추정한다.

기업에 높은 수준의 부채에 대한 상환을 촉구한다는 것은 일자리를 늘리거나 새로운 사업에 투자할 수 있는 자금이 줄어든다는 것을 의미한다. 더 나쁜 경우 대출금을 갚지 못하는 기업은 파산할 수도 있다. 가계는 식비나 난방비 같은 일부 지출 영역을 삭감해야 하고, 저소득 가정에는 더 나쁘게 작용한다. 이렇듯 높은 부채는 재정 운영에 악영향을 주고, 부채 상환 같은 국가의 재정적 의무를 이행하기 어렵게 만든다.

IMF와 세계은행은 저소득 국가의 60%가 이 시점에 있거나 근접했다고 추정하고 있다. 2021년 GDP 대비 세계 부채 수준이 가장 높은 국가는 일본(257%), 수단(210%), 그리스(207%), 에리트레아(175%), 카보베르데(161%)였다. 이런 나라들은 특히 부채로 인한 재정적 부담이 크다. 세계에서 가장 낮은 이자율이라고 볼 수 있는 미국의 기준금리인 4%로 잡아도 세계가 감당해야 할 공공 및 민간 부채의 이자는 9조 4천억 달러에 이른다. 235조 달러의 1%만 올라도 2조 3,500억 달러를 추가로 부담해야 한다. 돈을 더 쓰고 싶어도 쓸 수 없는 상황까지 온 것이다. 역사적으로 미국 연방기금금리는 1960년대 후반부터 2000년대 초까지 연간 5% 수준이었고, 2002년 이후는 항상 5%보다 낮았다. 경제가 호황이었음에도 지나치게 낮았던 것이다. 자연스러운 경기 순환이 아닌 인위적 화폐 공급으로 금리를 낮추었기 때문이다.

거품 붕괴냐 지속이냐?

여기서 거품이란 경제에 잔뜩 낀 거품을 의미한다. 이 거품은 부동산에도, 주식에도, 부채에도 많이 끼어 있다. 아무튼 돈이 들어간 금융 상품에는 모두 이 거품이 들어가 있다. 왜 돈 주고 사는 재화에는 거품이 끼지 않았을까? 조금 슬픈 이야기인데, 선진국 중산층의 눈물과 개발도상국 노동자의 고통이 들어 있기는 하지만 거품이 끼지는 않았다. 왜 그럴까? 세계화되면서 선진국의 공장들이 중국을 비롯한 개발도상국으로 몰려갔고, 그러면서 선진국의 중산층이 무너졌다. 지금 미국에서 세계화에 반대하는 사람이 많은 이유도 무너진 중산층을 살리기 위해 외국에 나갔던 미국 기업, 외국의 기업들을 미국으로 불러들이자는 뜻이다. 개발도상국의 노동자들은 선진국 공장을 끌어들이기 위해서 저임금을 받으며 일해야 했다. 이처럼 실물경제는 오히려 팍팍해졌지만, 돈이 돈을 만드는 금융경제는 그 크기가 커졌다. 바로 거품을 부풀린 것이다.

경제에 거품이 끼는 이유는 둘 중 하나다. 1630년대 네덜란드 튤립 사태처럼 돈이 너무 많아 가격을 올리거나, 돈을 너무 많이 찍어 값이 올라가거나. 예쁘지만 작은 튤립 한 송이 가격이 하늘로 치솟을 당시, 네덜란드는 최고의 전성기를 누리고 있었다. 청어, 해상무역, 어업과 공업의 발전, 선박 건조 기술을 바탕으로 경제적으로 번영을 누릴 때였다. 한마디로 돈이 남아돌아 그런 일이 벌어진 것이다.

반면 요즘 세계 경제에서 말하는 거품은 달러가 너무 많아 생겨난 것이다. 옛날에는 달러가 많이 풀리면 미국에서만 인플레이션이 발생하고 불경기에서 호경기로 회복하는 경기 순환 사이클이 생겼겠지만, 지금은 세계화 시대다. 미국 돈이 전 세계 구석구석으로 풀렸다. 그러면서 세계 경제에 거품이 발생한 것이다. 달러와 미국의 금융시스템이 전 세계를 부자로 만들었지만, 지금 보니 거품이었다. 그리고 그 거품이 터질 것이라고 예상하는 전문가도 많다. 특히 부채 거품은 언제든 터질 것이고, 그 거품이 터지면 은행이 망가지고, 결국 세계 경제도 불황으로 빠져들 것이다.

튤립 파동은 네덜란드 국민 전체도 아닌, 오로지 튤립에 투자한 사람만 손해를 보았다. 하지만 현재의 달러 거품은 전 세계가 같이 터진다. 나는 지금부터가 그 거품이 터지는 시기라고 본다. 거품이 계속 유지되거나 더 커질지도 모르는 일이다. 그 거품이 터지는 날에는 온 세계가 지금보다 한참 가난해진다.

Chapter 2

달러, 국제 금융의 중심

환율을 알아야 하는 이유

강달러와 초강달러는 어떻게 구분하는가?

강달러 시대에 대해 쓰려면 강달러가 무엇인지 정의부터 내려야 한다. 강달러를 정의하는 방법에는 몇 가지가 있다. 우선 전체적인 추세선보다 위에 있으면 강달러라고 말한다. 10년이라는 시간을 기준으로 한다면 10년 동안의 달러 변동 평균을 잡아 그 평균값보다 위에 있을 때 달러가 강세라고 보는 것이다.

강달러를 정의할 때 또 하나 생각해야 할 기준이 있다. 원화를 기준으로 했을 때 강달러인지, 중국 위안화 기준으로 강달러인지, 아니면 세계 모든 나라를 기준으로 강달러인지 정해야 한다. 글로벌 경제에서 달러 강약의 기준을 알아야 한다. 나라마다 다른 경제 사정이 있지만 워낙 달러가 세계적인 화폐라 기준이 가급적 많은 나라에 적용되는 것이 좋다. 그래서 나온 것이 바로 달러인덱스다.

달러인덱스는 세계 주요 6개 통화인 유럽 유로, 일본 엔, 영국 파운드 스털링, 캐나다 달러, 스웨덴 크로나, 스위스 프랑을 각 나라의 경제 규모에 따라 가중치를 가산하여 산출한 값을 미국 달러와 비교한 지표다. 달러인덱스는 1973년 3월의 값을 100으로 설정해 미국 연방준비제도 이사회(FRB)에서 작성하고 발표한다. 비록 6개 나라 화폐와 달러의 가치를 비교한 것이기는 하지만, 그래도 비교적 글로벌 기준으로 만들어진 지수라고 할 수 있다.

그런데 달러가 강했던 적이 생각보다 많지 않다. 대체로 기준 가치 100 이하인 경우가 많았다. 아마 늘 달러를 풀기만 하니 그런 듯하다. 이 책에서 말하는 강달러 시대는 달러인덱스가 100 이상일 때이고, 110 이상일 때를 초강달러라고 정의하기로 한다. 달러인덱스는 2022년 9월 5일 110.084를 기록했는데, 달러인덱스가 110 선을 돌파한 것은 2002년 6월 이후 20년 3개월 만에 처음이다. 이 정도면 초강달러라고 말하기에 충분하지 않은가.

강달러 시대 달러가 다른 모든 통화에 비해 강하지만, 한국의 원화에 대해서는 평균 수준을 유지할 수 있다고 본다. 물론 그렇게 되기 위해서는 다른 나라에 비해 한국은 국가 경영이 잘 될 거라는 긍정적 희망이 실현되어야 한다.

　초강달러란 원/달러 환율이 시작했을 때를 기준으로 가장 높았던 때보다 높거나 비슷할 때를 초강달러라고 한다. 초강달러는 1997년 12월 IMF 당시 1,695원이 최고치고, 강달러는 2020년 5월 1,225원이 최고치다. 그리고 2022년 9월 1,449원을 찍었다. 이후로 소강상태를 보이며 많이 내렸지만 앞으로 원화 대비 강달러 시대, 즉 1,225원/달러 또는 그 부근을 움직이는 고환율 시대가 올 거라고 예상한다. 원화 가치가 다른 나라 통화보다는 평가절하가 덜 될 것이라는 기대다. 강달러는 최근 10년 내 최고치보다 높다. 어쩌면 달러인덱스와 원/달러 평가치의 최고 수치인 초강달러의 일상화가 될 수도 있다는 것이 내가 생각하는 전망이다.

원화와 달러인덱스의 관계

　달러인덱스, 즉 선진국 주요 6개국의 통화와 원화는 어떻게 변했을까? 달러인덱스는 대체로 달러보다 높은 가치, 즉 100 이하를 꾸준히 유지했다. 반면에 한국의 원화는 달러 대비 비교적 높은 가치를 유지하다가 1997년 IMF를 기점으로 가치가 확 떨어졌다. 그 이후 원/달러는 대체로 1,100원 부근을 오가다 2022년 들어 1,400원 근처를 오르내리기도 했다.

2010년, 미국의 금융위기 이후로 원화와 달러인덱스는 거의 비슷한 추세를 보인다. 그만큼 세계 경제가 안정되고 한국 경제와 글로벌 경제도 안정적으로 움직였다는 뜻이다. 한국이 세계 경제 규모 10위권, 무역 규모 7-8위 권으로 들어섰으니 당연히 주요 선진국들과 경제적으로 비슷하게 움직이는 게 맞을 수 있다. 산업의 구조도 반도체, 조선, 자동차 등 고도의 기술이 필요한 제조산업 위주로 이루어졌고, 서비스산업의 비중이 높아졌다. 하지만 이제부터는 다르다. 달러인덱스와 원화는 디커플링되어 따로 움직일 것이다.

왜 미래 환율을 알아야 하나?

환율이 우리에게 중요할까? 나의 대답은 '정말 중요하다'이다. 소비자들에게도 중요하고, 먹자골목에서 삼겹살 장사하는 사람에게도 중요하고, 무역하는 사람에게는 더욱 중요하다. 우리가 먹고, 입고, 쓰는 모든 재화 중 온전히 한국에서 만들어지고 키워지는 것은 없다. 우리나라 고유의 음식인 삼겹살도 대부분 수입산이다. 환율에 따라 물가가 오르내리는 것은 어제오늘 이야기가 아니다.

먹고살기 복잡해졌다고 느끼는가? 맞다. 나도 구멍가게 장사하면서 애쓰며 살고 있다. 그렇지 않으면 중국은 물론 인도, 파키스탄, 에티오피아, 태국 등지에서 나도 모르는 사이에 새로운 신발이 내가 감당하지 못할 가격으로 들어올 수도 있다. 그런데 글로벌 경제의 흐름, 그리고 한국에서 마케팅 최종 단계인 가격을 정할 때도 환율은 늘 간섭한다. 그러니 환율을 알아야지 어쩌겠는가? 우리가 이렇게 복잡한 시대에 살고 있으니, 적응하려고 노력해야 하는 것은 당연하다.

그런데 왜 미래 환율까지 알아야 할까? 그건 우리의 미래를 예측하는 일이기도 하다. 환율을 예측하는 일은 경제 지표 중에서도 가장 어렵고, 가장 많은 변수가 얽혀 있는 만큼 쉽지 않다. 게다가 실제로 맞추기도 어렵다. 연말이나 연초 서점에 가보면 트렌드 관련된 책들을 많이 볼 수 있다. 그중에는 다음 해의 경제 전망을 예측하는 책들이 많다. 하지만 그 안에서도 환율에 대한 예측이 맞은 경우는 별로 없을 것이다. 100원 오를 것이라고 했는데 150원 올랐다는 정도로 빗나가는 것이 아니라, 아예 방향마저 맞지 않는 경우도 많다. 한국은행, 코트라, 기획재정부, 증권회사 리서치 보고자료도 다르지 않다. 틀리는 게 정상이다. 그래도 하지 않는 것보다 낫고, 예측함으로써 대처하는 방법을 더 많이 찾아낼 수 있다.

'랜덤워크 모델'이라 불리는, 환율 예측에 관해 가장 확실하다고 거의 모든 사람이 인정하는 모델이 있다. 그런데 이 모델의 핵심은 환율이 앞으로 오를지, 내릴지, 현상 유지할지 최소한 어떤 변동 폭으로 변할지조차 모른다는 것이다. 사실 환율을 예측한다는 것은 불가능하다. 그렇지만 나는 과감하게 앞으로 세계는 초강달러 시대가 올 것이라고 말한다. 한국 원화는 다른 어떤 통화보다 달러 대비 약세를 적게 보일 것이라 예측한다. 내가 족집게라서 그런 말을 하는 게 아니라 한국과 미국의 미래는 다른 나라들에 비해 상대적으로 긍정적이기 때문이다.

세계는 달러 중심으로 재편된다

경제가 어려워지고 혼란이 가중될수록 안정을 추구하는 인간의 본성은 안전자산인 미국 달러를 원하게 될 것이고, 그로 인하여 세계 정치와 경제는 미국 중심으로 강하게 재편된다. 그렇다고 달러가 완전한 통화 수단이라고 말하지는 않겠다. 지금도 여러모로 흔들리고 있는 것이 사실이다. 그러나 다른 통화에 비해 덜 흔들리기 때문에 달러가 더 강하게 기축통화 역할을 하리라고 예상한다.

이전에 있었던 금융위기는 은행의 탐욕과 부채가 문제였지만, 코로나19가 가져온 세계 경제 위기는 전 세계 실물경제를 무너뜨렸다. 코로나19가 다행히도 일찍 소멸되면 상당 부분이 해결되겠지만, 현재 상황을 보면 당분간은 그 여파에서 벗어나기 힘들 것으로 보인다. 그리고 각국 정부는 계속해서 확장적인 재정 정책을 유지하려고 한다. 이러한 재정 정책의 끝은 하이퍼 인플레이션이고, 그 종착역인 금융 정책이나 재정 정책의 종말로 보여진다. 지금 세계의 모든 나라에서 금리를 올려도, 혹은 금리를 내려도 경제적 악화는 지속될 것임을 우리는 예상할 수 있다.

결국 모든 나라는 자국의 돈 대신에 가장 활용성이 높은 외국 화폐를 원하게 될 것이고, 그중에서 미국 달러는 단연 최고의 가치를 갖는다. 유로화는 경제가 취약한 이태리, 스페인, 터키 등으로 인해 유럽연합의 결속력이 흔들리며, 존속 여부가 늘 의문시된다. 중국의 위안화는 미·중 무역전쟁, 달러·위안화 환율전쟁, 대외 수출 부진, 정치 불안정, 중국의 달러 공급기지인 홍콩의 불안

등으로 바람 잘 날이 없다. 그로 인해 중국 경제는 미국보다 어두울 것이라는 전망이 경제 전문가들의 대세적인 의견이다. 그렇기 때문에 중국 위안화의 수요는 늘지 않고 오히려 줄어들 것이다.

그러나 중국인들의 해외 이민을 위한 달러 수요는 만만치 않다. 중국인들이 중국 위안화를 파는 대신 달러를 사들이고 있고, 중국 당국은 이를 막기 위한 외환 유출 방안을 이미 내놓았다. 전 세계에서 가장 많은 달러 수요를 갖는 나라가 중국이 될 것은 분명하다. 일본 엔화는 이미 기울어져 가는 일본 경제 잠재력과 같이 수요가 더 이상 늘지 않음은 물론이고, 오히려 급격하게 줄어들 가능성이 높다.

미국도 다른 나라와 마찬가지로 무제한 재정 정책을 실행했다. 제2차 세계대전 때 미국의 국가부채 비율은 118%였는데, 2021년도에 쓴 돈을 포함하면 단순 계산으로도 138%가 나온다. 기축통화 국가인 미국이 이 정도인데 아이러니하게도 달러 품귀 현상이 전 세계적으로 벌어지고 있다. 코로나19 이후 유로화도 아니고 위안화도 아닌 달러 품귀 현상이 발생하면서 재정적으로 어려움을 겪는 나라들이 많아졌다. 과거 'PIGS'라고 일컬어졌던 포르투갈, 이탈리아, 그리스, 스페인이 흔들리고 있다.

세계의 모든 국가는 달러를 원하고, 미국은 기축통화의 이점에도 불구하고 달러 공급을 줄인다. 그 여파로 달러가 강세를 보였다. 강달러는 미국 이외 국가의 상품을 저렴한 가격에 수입하는 구조로 무역이 진행될 것이다. 결국 미국에서는 상품의 가격이 낮아지는 디플레이션을 겪을 것이고, 다른 나라는 하이퍼 인플레이션을 경험할 것이다. 똑같이 무제한 재정 정책을 썼지만, 미국과 그 이외의 나라들에 나타나는 현상은 완전히 다르다. 나라마다 조건이 다르니, 증상도 다르게 나타나는 것은 당연하다. 코로나19 이후 세계는 어느 때보다 강력한 단극체제, 팍스 아메리카나(Pax Americana)로 결말을 맺을 가능성이 매우 높다. 하지만 정작 미국인들이 이러한 현상을 받아들일지는 분명치 않다. 미국 내 빈부격차 심화, 높아진 생활 수준에 대한 기대 등으로 미국조차도 자국 내 자원이 넉넉하지 않음을 깨달았기 때문이다.

달러는 기축통화를 유지할 수 있을까?

기축통화는 왜 달러여야 하는가

화폐에는 보통 3가지 역할이 있다. 시장에서 가격을 나타내주는 회계의 단위(Unit of account), 필요한 물건과 교환할 수 있는 교환의 매개 수단(Medium of exchange), 미래를 위해 돈을 저축함으로써 부를 미래로 이전해주는 가치 저장 수단(Store of value)의 기능이다. 그중에서도 가장 중요한 역할은 내가 필요로 하는 물건과 편리하게 바꿀 수 있도록 해주는 교환의 기능이다. 그렇다면 세계 경제의 화폐인 기축통화는 이 3가지 기능에 세계가 모두 다 쓸 수 있을 만큼 통화량을 공급해야 하고, 이를 빌려주고, 갚고, 저축할 수 있는 국제은행 역할까지 가능해야 한다. 그래서 기축통화는 아무 화폐나 될 수 없다. 일반적인 화폐 기능이야 어느 나라 화폐든 다 가능하다. 한국 돈도 화폐고, 달러도 화폐고, 유로화도 화폐지만 한국 돈인 원화는 다른 나라에서 받아들여지지 않고, 그만큼 공급할 능력도 되지 않는다. 다른 물건과 마찬가지로 기축통화도 공급하는 나라와 사용하는 다른 나라들이 기꺼이 받아들여야 하고, 이를 활용하는 데 문제가 적어야 한다.

왜 세계는 굳이 기축통화로 달러를 쓸까? 물론, 여러 가지 좋은 점이 있다. 일단 미국은 경제적으로 가장 규모가 크고 수입을 많이 하는 나라다. 게다가 가장 중요한 에너지인 석유를 살 때도 달러로 사야 한다. 무역을 통해서 물건을 사고파는 것뿐 아니라 서로 돈을 빌려주고 갚을 때도 편하다. 전 세계의 주요 금융기관은 모두 미국이 주도하고 있기 때문이다. 그래서 달러가 세계에서 가장 풍부하고 편리한 돈이 되었다. 많은 나라가 투자받을 때도 달러로 받는다. 그래야 공장 등 필요한 설비를 쉽게 살 수 있기 때문이다.

불편할 때도 많다. 자국 돈으로 거래하는 것이 가장 편한데, 굳이 달러로 바꾸어 외국과 거래해야 하기 때문이다. 그렇다고 안 쓸 수도 없다. 현대의 경제는 세계화되어 다른 나라와 경제적 관계가 완전히 단절된 나라는 없고, 거래는 다른 나라 통화, 그러니까 달러화, 유로화, 엔화 등 외국 통화로 하는 경우가 대부분이다.

그렇기 때문에 보관이 불편해도 외국 돈을 항상 가지고 있어야 하고, 우리나라 돈과 외국 돈의 가치를 늘 적정 수준에서 유지해야 한다. 외화 보유액이 너무 많으면 자국 경제 운용에 어려움이 생길 수가 있고, 너무 적으면 외환위기에 노출될 수 있다. 그러다 보니 한국 돈이라 해도 한국 정부의 의지대로 국가 경제에 맞게 많이 발행하거나 발행한 돈을 다시 끌어모으는 데도 외국의 눈치를 보아야 한다.

또한, 한국의 정책 담당자들은 다른 나라의 통화 정책을 살펴야 한다. 만일 한국만의 경제적 이익을 위해 다른 나라 돈과 교환 가치를 임의적으로 높이거나 낮추면 다른 나라는 피해를 보고, 환율조작국이라는 낙인이 찍힌다. 그럼 경제적으로 상당한 불이익을 당한다. 적정한 환율을 유지하기 위해서는 적정한 외환을 보유해야 하는데, 외화 보유액은 자국의 경제 사정뿐만 아니라 인근 무역 경쟁 및 협력 국가의 사정은 물론 기축통화국의 발권량, 금리, 무역 정책 등도 고려해야 한다. 이런저런 사정을 고려하다 보면 자국 통화 정책의 자율성이 침해될 수 있다. 그래서 기축통화제도에 반발감을 느끼는 나라가 생기는 것은 당연하다.

문제는 세계 경제가 달러에 너무 집중되고 달러가 오래 기축통화 역할을 하다 보니 달러 독주에 대한 반감이 생기기 시작했다는 것이다. 미국 정부의 정책 실패를 다른 나라에게 떠넘겨 버리는 일도 많고, 다른 나라에 강요하던 금융 자유화를 정작 미국의 금융위기 때는 지키지 않으면서 불만이 많아졌다.

현대 세계 경제는 달러가 무한히 공급되어 발전했다고 해도 지나친 말이 아니다. 그런데 지나치게 달러가 공급되었기 때문에 많은 문제가 발생하고 있는 것도 사실이다. 경제계에서는 달러를 대체할 새로운 통화가 나오기를 기대하지만 대안이 보이지 않는다. 미국이 곧 망할 것 같아도 미국을 대신해서 글로벌 경제를 이끌 나라가 보이지 않기 때문에, 미국 달러를 대체할 대체 수단도 보이지 않는 것이다. 달러의 기축통화 역할은 앞으로도 30~40년은 충분히 지속될 것으로 보인다. 1944년 브레튼우즈체제가 성립된 이후 세계 경제는 달러를 중심으로 움직였다. 무려 80여 년도 넘었고 앞으로 당분간은 계속 달러를 중심으로 움직일 것이다. 그렇지만 해도 차면 기운다고, 달러 독점의 현 기축통화체제는 언젠가 변할 것이다.

미국이 달러 독점의 기축통화 질서를 유지하는 이유

미국이 기축통화로 달러를 유지하는 이유는 무엇일까? 뭔가 좋은 점이 있어 그 수많은 국가들의 불평과 불만을 견디면서 현재 달러의 위치를 고수하려는 것이 아닐까? 기축통화국이 되면 좋은 점이 많다. 자국의 화폐가 모든 화폐의 왕, 돈 중의 돈이 되기 때문이다. 굳이 다른 나라의 화폐들과 비교할 필요가 없다. 다른 나라의 화폐들이 달러와 비교될 뿐이다. 그래서 달러에는 환율이 없다. 그러므로 환율 변동에서도 자유롭다. 보통 달러 대비 원화 가치라고 하지, 원화 대비 달러 가치라는 말은 잘 쓰지 않는다.

게다가 외화를 쌓아놓을 필요가 없다. 다른 나라들은 달러나 파운드 같은 외국 돈과 교환을 하기 위해 많은 비용을 들여서 외국 돈을 갖고 있어야 하지만 달러는 그렇지 않다. 그러니 미국에는 외환위기라는 말이 없다. 참고로 내가 잠시 근무했던 파나마도 자국 통화로 달러를 쓴다. 이 나라도 외환위기가 없고, 경제가 안정되어 있다. 물론 파나마는 미국에 의해 콜롬비아에게서 독립된 특이한 경우이기는 하다. 이외에도 에콰도르, 엘살바도르도 자국 화폐를 대체해서 달러를 쓴다. 심지어 북한에서도 달러는 북한 돈보다 더 신뢰를 받고 있어, 상당수 주민이 달러를 사용하고 있다. 달러는 신뢰성이 높다. 그러니 달러를 사용하는 미국은 신뢰성 높은 나라이기 때문에 미국 정부나 미국 기업이 돈을 빌리려고 하면 이자율이 무척 낮다. 게다가 미국은 자기 나라 돈이니 그냥 찍어내면 된다. 100달러(약 13만 원)를 찍는 데 드는 비용이 50센트(약 700원) 정도 된다고 한다. 700원 들여서 13만 원짜리 종이를 만들면 다른 나라에서는 그 종이를 가져가려고 애쓴다. 그 방법 중 하나가 미국으로의 수출이고, 수출을 많이 하면 달러가 많이 생긴다. 그런 미국 시장에서의 저가 판매는 가난한 나라뿐만 아니라 독일 같은 선진국도 마찬가지다. 전 세계에서 벤츠와 BMW가 가장 싼 나라가 미국일 것이다. 내가 발가락 양말 공장을 운영하면서 핀란드, 독일, 일본 등에 팔 때도 견적 가격은 늘 미국이 제일 저렴했다. 구매 규모가 굉장히 크기 때문이다. 관세도 제일 낮으니 세계에서 내로라하는 물건을 미국에서 가장 저렴하게 살 수 있게 되는 것은 당연하다.

하지만 장점만 있는 것은 아니다. 미국도 달러를 세계에서 인정받는 돈으로 유지하기 위한 돈을 많이 쓰고 있다. 가장 확실한 단점은 무역 적자를 봐야 하고, 볼 수밖에 없다는 불이익이다. 왜냐하면 달러라는 중심 화폐를 두고 다른 화폐들은 경제적 이익, 즉 수출경쟁력을 염두에 둔 불공정한 자국 화폐 가치 절하(환율 절상)를 하기 때문이다. 물론 그로 인해 미국은 외국 수입 제품을 저렴하게 사는 이익을 누릴 수 있지만, 장기적으로 무역 적자가 누적된다.

세계가 왜 달러로 거래하기를 원하는가? 미국 달러가 다른 나라의 화폐보다 믿을 만하기 때문이다. 왜 믿을 만할까? 달러의 기축통화 자격을 지켜주는 몇 가지 배경이 있다. 다른 나라를 압도하는 미국의 군사, 외교적 국력, 금 보유량, 세계가 쓸 수 있을 정도의 달러를 공급하기 위한 무역 적자를 감당할 수 있는 화폐 공급력, 달러를 세계에서 원활하게 유통시킬 수 있는 금융 조직 및 능력 그리고 미국의 국가 신용도와 물가 안정성이다. 이게 그냥 되는 게 아니다. 모두 다 엄청난 돈을 써야 가능하다. 그렇게 엄청난 돈을 써가면서 미국은 이 조건들을 지키고 있고, 앞으로도 지킬 의사가 있으리라 본다.

어느 순간 미국이 굳이 달러의 가치를 지키려 하지 않을 때가 올 수도 있다. 외국 관련 일에 돈을 많이 쓰다 보니 미국에 문제가 많이 생겼다. 대표적인 사례로 생산시설이 모두 외국으로 나가버리니 국민, 특히 중산층이 가난해졌다. 그래서 미국 국민들이 우크라이나, 아프카니스탄, 한반도, 대만 등 다른 나라에 돈 쓰지 말라는 원성이 자자하다. 미국 기업이 미국에서 돈 벌어 미국 내에서 쓰게 하고, 좀 더 나아가 외국 기업도 미국에서 돈 벌고 쓰게 하라는 요구가 커졌다. 즉 다른 나라가 아니어도 미국 안에서만, 조금 더 넓혀서 아메리카 대륙에서만 살아도 된다는 고립주의가 미국 사회 내에 만연해지면서 글로벌 기축통화로서 달러의 가치를 지켜야 할 필요성을 느끼지 않게 되었다. 한술 더 떠서 원래 발권국이 갖고 있던 이점들도 미국이 가진 여러 강점 때문이지, 기축통화국이기 때문에 얻는 것은 아니라는 주장도 있다. 이런 주장을 펼치는 사람들은 오히려 기축통화국이기 때문에 받는 불이익 크다고 생각한다. 게다가 기축통화국으로서 제3국의 입장까지 고려해 화폐 정책을 펴다 보면 통화 정책의 원인과 성과가 불분명해지는 어려움이 있다. 왜냐하면 다른 나라의 화폐 정책, 환율 정책이 미국 재무부의 화폐, 금융 정책에 간섭되기 때문이다. 그래서 굳이 기축통화로서 달러가 아닌, 오로지 미국 국내용으로 달러 정책을 유지하는 것이 낫다고 보는 견해가 늘어나고 있다. 이런 견해들이 미국 내에서 자리 잡고 있기 때문에 언제든지 달러를 회수하고 미국 국내 안정화 정책으로 돌아서는 것이 충분히 가능하다. 그때가 오면 미국은 타의가 아닌 자발적으로 달러의 기축통화 기능을 포기하는 것이다.

예상치 못한 달러 기축통화 시스템 붕괴

세상에는 늘 경이로운 일이 터진다. 예측하지 못했던 일, 어쩌면 일어날 수도 있겠다고 막연히 생각했지만 정말로 일어나리라고 상상도 못 했던 일이 하루가 멀다 하고 생기고 있다. 마찬가지로 어느 날 갑자기, 또는 생각보다 일찍 달러가 기축통화로서 지위를 상실하게 될 수도 있다.

달러가 아니어도 중국 위안화, 일본 엔화, 스위스 프랑화 등 통화는 많다. 현재 달러를 대체할 만한 통화를 예측해보면 우선 비트코인으로 상징되는 암호화폐의 성장을 눈여겨 볼 수 있다. 실제로 엘살바도르는 비트코인을 법정화폐로 승인하였지만, 아직까지는 실패로 보인다. 비트코인의 가격이 너무 내려서 국가적 손실이 무척 크다고 한다. 나입 부켈레 엘살바도르 대통령은 단기적으로 일자리를 만들면서 공식적인 경제 밖에 있는 이들에게 금융 접근성을 제공하기 위함이라고 선언했지만 말이다.

중국의 '디지털 위안'도 거론되는데, 달러 중심의 국제 금융결제 시스템에서 벗어나고자 중국인민은행이 연구하고 있다. 그러나 중국의 경우는 경제적 목적 이외 국민 경제활동 감시라는 목적도 있어 보여, 개인의 자유를 중요시하는 다른 나라에서 받아들이기는 어려울 듯하다.

IMF에서는 특별인출권(SDR, Special Drawing Rights)제도를 운영하고 있는데, 이것은 국제통화기금 가맹국이 국제 수지 악화 때 담보 없이 필요한 만큼의 외화를 인출할 수 있는 권리 또는 통화이다. 이를 확장하여 달러를 대체하는 기축통화로 만들자는 제안도 있었지만, 미국이 주도하는 IMF에서 그런 일이 벌어지는 것을 상상하기란 어렵다.

미국 금융회사 골드만삭스에서 발행하는 스테이블코인 등 민간 발행 화폐도 있다. 골드만삭스의 자회사로 블록체인 암호화폐 기업인 서클은 스테이블코인 USDC를 발행한다고 했는데, 이들은 USDC에 대해 미국 국채 등 유사시 대체재로 지불하기에 충분할 정도의 담보를 확보하고 신뢰성을 높였다고 주장했다. 그러나 실제 확보한 자산은 코인 발행액의 61%에 불과한 것으로 나타나 한계를 보였다. 하지만 앞으로도 스타벅스, 구글, 아마존, 알리바바 등 글로벌 플랫폼 회사들의 민간화폐 발행이 우후죽순으로 나타날 것으로 보인다. 특히 스타벅스는 세계 각지에서 적립하는 포인트를 활용해서 대안화폐를 성장시킬 수 있는 다크호스 중의 하나로 꼽히고 있다.

이외에도 국가 간의 물물교환이 활성화되거나, 다시 금본위제도가 복귀되거나 전쟁, 환경 문제로 세계화가 붕괴하면 달러의 기축통화 역할은 상실될 것이다. 하지만, 이런 경우는 역사적 전례가 없거나 아주 불행한 사태일 때만 상상할 수 있다. 아예 일어나지 않는 게 오히려 바람직하다.

이런저런 가능성을 꼽아보면 미국이 원하지 않는다고 해도 달러 기축통화 시스템이 무너질 일은 한동안 없을 듯하다. 달러를 대체할 만한 화폐가 보이지 않고, 가상화폐는 아직 시장의 신뢰를 얻지 못했기 때문이다. 비트코인이나 스테이블코인도 화폐의 기능을 하기에는 시작이 달라서 돈으로 사용하기에는 아직 이르다고 생각한다.

도전받는 기축통화,
달러 vs 위안화

달러의 위상이 흔들리고 있다

전 세계가 보유하고 있는 외환보유고의 비중을 살펴보면, 2021년에는 역시 달러가 가장 높은 59%의 통화 점유율을 보이고 있다. 1999년의 70%에 비해 많이 떨어진 대신 다른 통화들이 늘어났다. 달러 다음으로 가장 많은 외환 보유 통화는 유로이다. 유로는 저 힘든 영토 싸움에서 어떻게 21%나 되는 자리를 차지했을까?

유럽연합은 항상 전투 상태의 지역을 하나의 정치체제로 묶으면서 이제 평화스럽게 살자고 만든 정치연합체다. 그리고 실제로 유럽연합 성립 이후 지역 내 전쟁이 없어졌다. 평화를 사랑하는 인류애의 승리인 것이다. 이 유럽연합의 통화가 유로다. 유로는 달러와 같은 위상과 가치를 유지하려는 게 당초 목표였다. 그러나 달러에 한참 못 미치는 힘을 갖고 있다. 그래도 타의 추종을 불허하는 돈의 세계에서 2인자 위치는 굳건하다.

왕은 늘 반란을 두려워하며 대비하며 산다. 이제까지 달러는 여러 번의 역모를 꿈꾼 자들을 징벌했다. 일본의 엔화도 달러에 도전하다 호된 플라자합의 채찍을 맞고 힘을 잃었다. 그런데 중국 위안화의 대 달러 역모 시도가 공공연하게 드러나고 있다. 가장 최근에는 빈살만과 만난 시진핑 주석이 사우디의 석유를 위안화로 거래하자는 제안을 했다고 알려져 화제가 되었다. 만일 사우디가 중국과 거래할 때 위안화를 받는다면 무슨 일이 생길까?

사우디의 석유를 위안화로 지불한다면?

2022년 12월 8일 시진핑 중국 국가주석과 살만 빈 압둘아지즈 알사우드 국왕 및 국가수반 총리 무함마드 빈 살만 왕세자는 사우디 왕궁에서 회담하며 양국의 포괄적 전략 동반자 관계 협정에 서명했다. 시진핑 주석은 석유와 가스를 위안화로 구매하고 싶다는 뜻을 밝혔는데, 이는 중국이 원유 거래 시 미국 달러화로 결제하는 관행에 균열을 일으키기 위한 시도였다. 아직 사우디를 비롯한 걸프 국가들은 위안화 결제에 동의하진 않았다.

이미 수십 년간 달러로 지불해 왔고, 지구상의 모든 금융시스템이 달러화 위주로 되어 있는 데다, 미국과 사우디의 관계가 하루아침에 손바닥 뒤집듯이 바뀔 수 있지 않기 때문에 실제 실행 가능성에는 의문이 들기도 한다. 하지만 가깝든 멀든 그 가능성이 전혀 없다고는 할 수 없고, 실제로 사우디와 중국 간에 위안화로 지불하면 달러는 기축통화로서 지위가 많이 약해질 것이다. 어쩌면 미국도 굳이 세계적으로 불만을 들으면서, 그 지위를 지키기 위하여 많은 비용과 희생을 하면서까지 달러를 기축통화로 하지 않아도 된다고 생각하는 날이 올지도 모른다. 미국 외교 정책상 고립주의가 강했던 기간이 국제주의를 주창한 기간보다 길으니 말이다. 그럼 사우디, 중국 그리고 미국은 속 편한 날이 되겠지만, 나머지 국가들은 사라진 국제 무역 결제 화폐를 대신할 수단이 필요해지니, 또 다른 복잡함이 생겨날 것은 분명하다.

그렇다면 그 방법은 어떨지 미리 상상해 보는 것도 나쁘지는 않다. 일단 전제는 당분간은 달러 기축통화 제도가 운영되는 상태에서 사우디 석유를 중국 위안화로 지불한다고 가정해 보자. 무엇이든지 하루아침에 바뀌지는 않으니 달러에서 위안화로 지불통화가 바뀌어도 나머지 시스템은 유지되는 것은 당연하다. 그리고 사우디가 받은 위안화를 다른 나라에서 수입하는 제품에 대한 결제 수단으로 사용하기도 어렵다. 중국에 대한 신뢰와 위안화의 글로벌 무역 지급 수단의 지위가 확고하지 않기 때문이다. 이런 상황에서 사우디와 중국 간의 지불 시스템을 만든다면 4가지 방법을 고려할 수 있다.

첫째는 위안화인덱스를 만드는 방법이다. 현재 지구상 모든 화폐 가치 기준은 달러다. 석유의 가격도 달러로 책정한다. 그 기준을 위안화로 바꾼다면 위안화 가치의 기준을 어디에 두는지가 문제가 된다. 그중의 하나가 달러인덱스처럼 위안화인덱스를 만드는 방법이다. 달러인덱스는 세계 주요 6개 통화인 유로, 일본 엔, 영국 파운드, 캐나다 달러, 스웨덴 크로나, 스위스 프랑의 가치에 경제 규모에 따라 비중을 달리하여 산출한 값을 미국 달러와 비교한 지표이다. 이와 같이 중국 경제에서 비중이 높은 한국 원화를 포함시킨 새로운 위안화인덱스를 만들어 이를 기준으로 석유 가격을 산정한 후 지불하면 나름 기준이 생긴다.

두 번째는. 석유-위안화본위제를 시행하는 것이다. 그리 오래 전도 아닌 세계 2차대전 이전까지만 해도 세상의 모든 화폐는 금이든, 은이든 또는 구리이든 간에 실물본위제였다. 그리고 화폐 발행 주체인 중앙은행이 가지고 있는 금이나 은의 실물만큼만 화폐를 발행했다. 그래서 화폐를 가지고 있으면 그만큼의 교환 가치가 있는 어떤 물건을 가지고 있다고 유추할 수 있었다. 하지만 현재 기축통화인 달러는 그렇지 않고, 달러 기준으로 움직이는 세상의 모든 화폐는 어느 날 갑자기 종이 쪼가리가 될 수 있는 위험이 있다. 그래도 달러는 그나마 미국이라는 국가의 신용이 있어서 운용되지만, 아직 중국은 그렇지 못하다. 그런데 만약 중국 위안화 가치를 석유에 고정시키면 어떨까? 석유 1배럴당 100위안이라고 하면 사우디와 중국 양국 간의 자원 교환 시 계산이 간단해지는 장점이 있다. 문제는 석유 채굴이 언제까지 얼마만큼 가능한지를 알아야 한다.

세 번째로 석유와 중국 제품의 물물교환이다. 원시적이긴 하지만 가장 간단하면서 시장경제적 방법이기도 하고, 굳이 나라가 나서지 않아도 되는 장점이 있다. 국가에서는 석유의 물물교환을 허락하기만 하면 되고, 이를 주관할 거래소가 있으면 좋다. 중국이나 사우디에 석유-위안화 거래소를 만든 다음 서로 석유 1배럴당 중국산 신발 100켤레처럼 비율을 정하여 실시간으로 거래하거나, 직접 만나서 상담 후 교환 시기와 물량을 정하면 된다.

네 번째 방법은 석유와 중국 제품의 거래 후 차액만 달러로 결제하는 것이다. 어쩌면 이 방법이 가장 실현 가능성이 높다고 본다. 이미 석유와 중국 제품의 달러 가격은 정해져 있다. 따라서 어느 시점에 어디에서든 사우디 석유와 중국 제품의 교환은 아무런 번거로움 없이 교환 가격을 알 수 있다. 계산도 어렵지 않다. 그 과정을 중간에서 합산하고 정산해 주는 거래소만 있으면 된다. 아니면 국가에서 이런 방식의 거래를 허가해 주고, 해당 거래 당사자들의 자율 협상에 맡기면 된다. 물물교환 방식은 석유와 중국 제품의 교환 가치가 완전히 동일해야 하는 어려움이 있지만, 이처럼 차액만 달러로 정산한다면 시스템 운영상 편리함도 있다.

달러가 지금의 글로벌 기축통화로 자리 잡을 수 있었던 이유는 사우디아라비아가 달러만 받고 석유를 파는 페트로달러 시스템의 역할이 대단히 컸다. 이것이 사우디와 미국의 관계가 남다른 이유이기도 하다. 그런데 지금은 세계 통화 유동량 중 페트로달러의 비중은 2022년 외환시장의 하루 달러 거래 7조 5000억 달러와 비교하여 연간 1조 달러에 불과하다. 그만큼 글로벌 경제의 규모가 커졌다. 설령 페트로달러의 자리에 페트로위안화가 비집고 들어간다고 해도 생각보다 영향은 크지 않을 수 있다.

더 비관적인 것은 중국이다. 중국의 통화 정책은 그야말로 암흑 그 자체. 공식적으로 알려지지 않은 중국인민은행의 위안화 발행 기준, 소유권에 대한 제약이 많고 외국과의 거래에 불편이 많은 금융제도가 문제다. 물론 이론적으로 중국이 이러한 불투명한 제도를 고칠 수는 있지만, 중국 공산당의 독재체제를 자유 자본주의 수준에 버금가게 바꾸어야 한다. 그런 무리한 개혁을 중국 공산당이 할 리가 만무하다. '제로 코로나 정책'으로 인한 인민의 불편함을 감내하면서까지 지키려고 한 공산체제를 지킬 만큼 자유시장경제나 금융패권보다 더 중요시 하기 때문이다. 사우디의 빈살만이 그런 중국의 시진핑을 얼마나 믿을지, 그리고 중동 석유 생산 국가들이 페트로위안화를 믿을 수 있다고 생각하는지가 중요한 기준이다. 중동 국가들이 중국을 얼마나 믿을까?

왜 중국은 달러를 공격할까?

미·중 간 패권 경쟁을 미·중 무역전쟁이라고 부른다. 중국은 미국을 상호이익을 증대하기 위한 무역파트너로 보는 것이 아니라, 애초부터 패권을 쟁취하기 위한 적대적 관점으로 미국을 상대했다. 1958~1960년 대약진을 추진하던 시기에도 중국 지도부는 중국이 앞으로 '7년 안에 영국을 따라잡고 15년 안에 미국을 추월할 것'이라는 식의 슬로건을 내걸었다고 한다. 이런 중국의 속내를 모르고 미국은 중국에 손을 내밀고 국가 관계를 받아들인다. 미·

중 무역전쟁으로 미국인들이 가장 후회하는 것은 중국을 친구라고 생각해 WTO 가입을 도와주고, 미국 달러 시스템에 중국이 들어오도록 허가한 일이다.

미국은 중국이 발전하면 공산·독재주의에서 벗어나 자유·민주·자본주의 국가가 될 줄 알았지만, 중국은 오히려 자기 체제를 강화했고, 오히려 미국을 공격했다. 중국은 2001년 WTO 가입으로 최혜국 대우를 받으며 교역 규모가 크게 증가하여 '세계의 공장'으로 급성장해서, 2021년 기준 GDP 16조 달러에 인구 14억 명으로 세계 2위의 경제 대국이 되었다. 그 힘을 바탕으로 성장한 중국은 경제 규모뿐만 아니라 기술 발전에서도 미국을 위협하기 시작했다. 정치적으로 보면 공산·중화·독재주의적 패권과 자유·민주·자본주의적 패권이 대결하는 양상이다.

물론 경제적 이득도 만만치 않다. 기축통화가 된다는 것은 돈을 만들면 세계가 그 돈을 필요로 하게 된다는 의미다. 게다가 경제 운영에서도 상당한 자율성을 확보한다. 지금 세계 경제 문제의 50% 이상은 달러와 관련이 있다고 해도 틀린 말은 아닐 것이다. 미국이 달러를 너무 풀어서, 미국 연준이 금리를 지나치게 낮게 오랫동안 유지하고, 세계는 미국의 달러를 바탕으로 빚도 늘리고 사업도 늘리면서 이전보다 덜 가난하게 살았다. 그런데 어느 날 갑자기 미국이 '아, 우리가 돈을 너무 많이 썼네, 이제는 좀 덜 써야지'라면서 이자도 올리고 돈도 덜 푸니까, 세상의 모든 나라가 공황 상태에 빠졌다. 미국의 비중이 너무 커진 세계 경제는 미국의, 미국에 의한, 미국을 위한 경제가 되어 버렸다. 다른 나라들의 경제적 독자성은 매우 제한된, 미국이 용인한 한도 내에서만 스스로 결정할 수 있게 되었다. 그럼 중국은 어떤 방식으로 미국의 달러를 공격하는가.

현재 벌어지는 미·중 무역전쟁의 핵심 논리는 WTO의 규범이다. WTO에서는 글로벌 무역에 관한 규범을 만들고, 여기에 가입한 회원국들은 합의한 규칙에 따라 무역을 한다. 그 핵심은 자유무역과 공정무역이다. 자유무역은 모든 나라가 가능한 자유롭게 무역하게 하자는 것이고, 공정무역은 교역 국가 간에 정의(Justice), 공정성(Equity), 지속 가능한 발전(Sustainable Development)을 바탕으로 최선의 발전을 도모하는 게 목표다. WTO 체제를 보다 정확히 표현하자면, 자유롭고 공정하며 왜곡되지 않은 경쟁을 추구하는 규범체제의 집합이라고 해야 할 것이다.

최혜국 대우 및 내국민 대우라는 비차별 원칙에 대한 규범은 공정한 무역의 조건을 확보하기 위해 만들어졌다. 그런데 중국의 무역 관행은 이런 점에서 매우 편협했다. 이런 불공정한 중국의 무역 행태에 미국이 화가 났다. 중국이 미국을 가장 화나게 한 것은 지적재산권 침해와 WTO의 최혜국 대우 위반이다. 최혜국 대우란 중국 기업이 미국에서 미국 기업과 동등하게 경쟁하고 이익을 취득해 중국으로 가져갈 수 있는 것처럼, 중국에서 미국 기업이 중국 기업과 동등하게 경쟁하고 그 이익을 미국으로 가져올 수 있어야 한다는 의미다. 그러니 다른 나라 기업도 WTO 회원국이면 같은 국적이라고 쳐주자는 게 최혜국 대우이다.

그러나 중국은 WTO에 가입할 때 최혜국 대우를 시행하겠다고 하고서는 전혀 지키지 않을뿐더러, 개선하겠다는 의지조차 보이지 않았다. 여기에 더해 미국의 공공기관은 물론이고 민간기업까지 해킹해가면서 지적재산권을 침범했다. 거의 모든 중요한 기술의 지적재산권을 가지고 있고, 이와 연관된 기술 분야들의 기술적 표준을 만들어 지키는 미국으로서는 참기 힘든 일을 중국은 지속적으로 미국에 행했다. 물론 미국도 여러 번 중국에 그러지 말라고 경고했고, 심지어 오바마 대통령은 시진핑을 미국으로 초대해서 점잖게 협조를 요청하기도 했다. 미국이 추산한 중국의 미국 기술 탈취로 인한 피해액은 한 해 약 3,000~6,000억 달러라고 할 정도로 컸다. 이처럼 중국은 전 세계를 상대로 불공정 무역을 하면서, 기술적으로는 갈취 행위를 지속했다. 다른 나라는 참아야 했지만, 미국은 참지 않아도 되는 유일한 나라였다.

2008년, 중국이 미국의 금융을 공격하기 시작한다. 미국 금융위기가 발생했을 때다. 2008년 글로벌 금융위기로 전 세계 경제가 휘청거릴 때, 중국은 폐쇄된 금융시스템과 대미 무역 흑자 덕분에 별 탈 없이 지나갔고, 심지어는 앞으로 미국을 대신할 세계 경제의 구원자로 떠오르기도 했다. 2009년 1월, 원자바오 중국 총리는 다보스 포럼에서 "위기의 원인은 일부 경제권의 부적절한 거시 경제 정책과 장기간 계속되는 낮은 저축률과 과소비로 규정되는 지속 불가능한 경제 성장모델이다."라며 직접적으로 미국을 얕보며 비난하기도 했다.

중국은 또한 달러 기축통화의 근간인 페트로달러에 대한 도전으로 페트로위안화를 시도한다. 푸틴의 러시아와 시진핑의 중국은 이미 루블/위안 무역을 하고 있었다. 러시아의 국영 천연가스 기업인 가즈프롬은 최근 중국과 러시아산 천연가스 대금을 달러에서 루블/위안화로 대체해 지급하는 협약에 서명했다고 발표했다. 우크라이나 전쟁을 일으킨 러시아는 달러 중심의 국제은행간 통신협회(SWIFT)에서 쫓겨났고, 대신 중국의 국제은행 간 결제 시스템 'CIPS'(Cross-Border Interbank Payment System)를 사용하고 있다. 이제 중국은 달러의 기축통화 시스템 전체를 공격하고 있다.

달러 패권의 전망

그럼 과연 중국의 달러 몰아내기는 성공할까? 현재까지의 성과를 보면 그리 성공적이지는 못한 듯하다. 전 세계적으로 보면 미국 달러의 비중이 1999년 70%를 넘었지만, 2021년에는 59%로 떨어졌다. 대신 외환 보유를 하는 통화가 스위스 프랑, 유로, 엔화, 중국 위안화 등으로 다양해졌다. 이스라엘 은행도 2,000억 달러 이상의 외화준비금에서 미국 달러의 비중을 줄이고 호주 달러, 캐나다 달러, 중국 위안화 및 일본 엔화에 대한 포트폴리오 할당을 늘린다고 발표했다. 그렇다면 줄어든 달러의 비중을 어느 나라가 차지했을까?

IMF의 자료에 의하면 세계 각국의 외화준비금에서 중국 위안화가 차지하는 비중이 증가하고 있다고 한다. 더욱이 러시아는 2022년 말 기준으로 전 세계 위안화의 3분의 1을 보유하는 것으로 나타났다. 우크라이나 침공 이후 시작된 대러시아 제재에 대응하기 위하여 러시아는 달러 등 주요 화폐 대신 위안화를 사용하고 있다. 이외에도 호주 및 캐나다 달러, 스웨덴 크로나, 한국 원과 같이 전통적으로 준비금 포트폴리오에서 눈에 띄지 않는 소규모 경제의 통화가 달러 비중이 줄어든 몫의 3/4을 차지하고 있다.

달러 패권의 약화를 전망하는 전문가의 의견 중 가장 일반적인 것은 미국 경제의 약화와 신뢰성 저하다. 지금은 미국에 대한 신뢰가 과거처럼 높지 않은 것이 사실이다. 그런데 환율이라는 것은 미국 달러의 절대적 가치를 매기는 숫자가 아니다. 다른 나라와 비교해서 미국 달러가 강하다, 한국 원화가 약하다는 것을 의미한다. 한국 원화와 비교해서, 일본 엔화와 비교해서, 유럽 유로화와 비교해서 어느 나라의 경제가 더 오래, 분열되지 않고 강하게 존재할 것 같은가? 미국 달러와 중국 위안화를 비교하면 어느 나라가 더 신뢰성이 높은가? 게다가 중국은 정말 미국 달러를 제치고 위안화를 기축통화로 만들고 싶어 하는 것일까?

코로나19 이전에는 중국 위안화가 패권을 가질 것이라는 전망도 꽤 있었다. 그러나 우한에서 코로나19가 발생한 이후 중국의 전염병 대책이 불분명하고 다른 나라와 협조가 원활하지 않은 데다, 2022년 위드코로나 정책에서 보여주는 불안정성과 더욱 강화된 시진핑의 공산독재체제를 보여주면서 중국 경제의 미래를 긍정적으로 보는 시각들이 많이 줄었다. 그런데 이뿐만 아니라 정말 중요한 관점은 '중국이 위안화 패권을 차지할 의지가 있느냐' 하는 것이다. 앞에서 말한 바와 같이 기축통화가 되려면 누려야 할 권리만큼 이행해야 할 의무도 있다. 그리고 미국은 현재까지 이런 조건들을 상당히 많이 이행했다. 그런데 중국이 그런 조건을 이해할 준비가 되어 있거나, 이행할 여건이 되냐고 묻는다면 그렇지 않다고 본다.

위안화가 기축통화가 되기 위해서는 우선 전 세계가 위안화를 충분히 쓸 정도로 공급되어야 한다. 그런데 이만한 양의 위안화가 어떻게 풀어질까? 위안화를 써달라고 다른 나라에 마구잡이로 나누어줄 수는 없다. 무언가를 주고받으면서 위안화로 거래가 이루어져야 한다. 그 대표적 수단이 무역이고, 중국이 지속적으로 엄청난 무역 적자를 보아야 한다. 중국의 기술력이나 금융력이 부족한 현재로서는 미국처럼 무역 적자를 보면 바로 파산이다.

또한 위안화가 기축통화가 되기 위해서는 우선 외환시장을 자유화하고, 국가 간 통화 가치의 비교인 환율이 자유롭게 변동해야 한다. 자의적으로 자국 통화의 환율을 정하는 것을 다른 나라들이 받아들일 수 있을리 없다. 게다가 시장환율과 정부 고시 환율의 차이가 있는데, 외환시장이 개방화된다면 조지 소로스와 같은 환투기 세력이 가만히 있지 않을 것이다. 중국이 3조 달러나 가지고 있기 때문에 얼마든지 방어할 수 있다고 보는가? 천만에 말씀이다. 환투기 세력에게는 '레버리지'라는 무기가 있다. 이를 활용하면 10억 달러만으로도 1,000억 달러를 만들어낼 수 있다. 그럼 중국 외환시장을 공격하는 것은 그리 어렵지 않다. 또한, 만일 중국이 환율시장을 개방하면 저평가된 중국 위안화로 세계적 경쟁력을 가졌던 중국 제품 중 상당수는 경쟁력을 잃게 된다.

다음으로는 금융시장을 개방해야 하는데 중국은 기본적으로 부동산이나 자산에 대한 개인 소유권이 인정되지 않는다. 국가와 공산당이 원하면 언제든지 보상이나 배상 없이 압수할 수 있다. 관료들의 부패도 심각하다. 그래서 부자들이나 권력자들이 느끼는 정치적 리스크는 다른 나라와 비교해서 꽤 크다. 중국은 부유층이나 권력자는 물론이고 중산층도 기회만 있으면 해외로 자산을 옮기려고 한다. 캐나다 밴쿠버는 중국인이 투자한 땅이 어마어마해서 차이나타운이 새롭게 생겼다고 한다. 그게 다 해외로 도피한 돈들이 모여서 만들어진 것이라고 볼 수 있다. 그럼 개인 소유권을 인정하면 가능하지 않을까? 경제를 국가가 계획하고 운영하는 공산체제 하에서 개인 소유권을 인정한다는 것은 곧 공산체제의 붕괴를 의미한다.

이 정도면 앞으로도 중국이 패권 위안화를 진심으로 원하지 않을 만한 이유가 충분하다. 그런데 왜 중국은 달러를 공격할까? 내가 보기에는 공산당의 힘을 중국 내 인민에게 보여주기 위한 제스처라고 생각한다.

왜 달러는 계속 강세인가?

달러 인플레이션이 발생하지 않는 이유

강달러 시대가 지속될 것이라고 말하는 그 이유는 간단하다. 수요와 공급의 법칙 때문이다. 달러가 있어야 하는 나라는 여전히 많은데, 정작 달러를 만들어내는 미국은 달러를 그만 찍고 거둬들이겠다고 한다. 수요는 여전하지만, 공급은 줄어드는 것이다. 미국의 입장이 충분히 이해된다. 경제학적으로도 이제 미국은 달러를 회수해야 할 때이기도 하다.

1944년 미국 뉴햄프셔주 브레튼우즈에서 전 세계 44개 국가와 정부 대표들이 모여 통화제도의 문제점을 논의했다. 당시에는 세계 대부분 국가가 금본위제, 즉 자기 나라에 금이 있는 만큼 화폐를 발행했다. 그러나 1·2차 세계 대전의 전쟁 비용과 커지는 경제 규모로 금본위제를 유지하기 힘들어졌다. 왜냐하면 화폐는 인쇄하면 그만이지만, 금은 캐내는 데 한계가 있었기 때문이다.

그러나 이것은 핑계에 불과하다고 느껴지기도 한다. 금이 부족한 만큼만 화폐를 발행하고 실물경제도 거기에 맞추어 운용하면 되는데, 정부가 더 많은 돈을 쓰려고 하다 보니 문제가 있는 것이었다. 어쨌든 이 회의에서 미국이 총대를 메고 금 1온스에 35달러로 고정하는 금본위제를 유지하는 대신에, 다른 나라들은 미국 달러에 연동시켜 화폐 가치를 유지하기로 한다. 이때 미국은 전 세계 금의 70%를 갖고 있었기 때문이다.

하지만 미국도 곧 한계에 봉착한다. 세계 경제는 급속히 커지는데 미국이 가진 금만으로는 달러를 발행하기에 턱없이 부족하게 된 것이다. 그래서 1971년 닉슨 대통령이 "우리도 이제는 금본위제 안 하고 달러를 발행하고 싶은 대로 발행할 테니 다른 나라들은 달러를 쓰든지 말든지 하라"고 발표한다. 다른 나라들은 대안이 없으니 달러를 그대로 무역 거래나 석유를 수입할 때 사용한다. 그 이후 미국이 금이라는 지급보장 수단 없이 외국에서 물건을 사들여 발생한 적자 수준이 무려 31조 달러였다. 이렇게 천문학적인 수준으로 달러를 뿌렸으니 당연히 달러의 가치가 떨어졌다. 금 1온스당 35달러 하던 것이 2022년 11월 기준으로

1743.90달러로 떨어졌다. 무려 1/49.8로 떨어진 것이다. 그럼 미국은 4.980% 인플레이션이 되어야 했지만, 그런 일은 벌어지지 않았다. 심지어 전 세계에는 아직 달러에 목말라하는 나라가 많다. 바로 세계화 때문이다.

만일 달러가 미국에서만 사용되는 돈이라면 미국도 저렇게 막무가내로 찍어내지 않았을 것이다. 그랬다면 미국 경제는 이미 오래전에 박살이 났을 것이다. 그런데 전 세계로 퍼지는 달러이기 때문에 차고 넘치지 않고 아직도 모자란 것처럼 보인다. 처음에는 자유 진영에서만 풀리다가, 중국과 구소련이 망하면서 공산주의 국가에서도 풀렸다. 이제는 아프리카, 서남아, 인도 등 경제 개발 중이라는 나라들에서도 달러가 있어야 한다. 그러니 31조 달러가 풀렸어도 어디론가 스며들어 아직 지구라는 연못은 텅 빈 것처럼 보인다.

그런데 그 31조 달러가 다 어디로 갔을까? 신흥국들의 저렴한 생산비용도 달러 인플레이션을 막는데 한몫했다. 처음에는 일본을 부자로 만들고, 그다음에는 한국을 부자로 만들고, 그다음에는 중국을 부자로 만들어 주면서 지구 전체가 한 단계 높은 생활이 가능해지도록 했다. 그런데 이들 나라가 어떤 나라인가? 인건비, 생산비, 토지비용, 환경비용 등이 대단히 저렴했다. 달러가 풀렸으면 당연히 물건값 대비 달러로 사는 값이 올라야 하는데 시대에 따라 새로 생기는 신흥국들이 계속해서 저렴한 물건을 만들어내니 금값 대비 달러 가치는 떨어지는데, 물건 값 대비 달러 가치는 떨어지지 않았다.

거기에 또 하나는 생산기술이 발전하고 운송비용이 저렴해졌다. 내가 만들었던 양말을 예로 들면 이전에는 아주 간단한 디자인의 양말 만드는 데 기계 한 대당 하루 50켤레밖에 생산하지 못했다. 그런데 새로운 기계가 자꾸 나오면서 한 대의 기계로 더 멋진 디자인에 다양한 기능을 넣을 수 있게 되었다. 내가 처음 독일에 발가락 양말을 수출하려고 할 때 독일이나 네덜란드에서는 발가락 양말을 뜨개실과 바늘로 손으로 짰다. 그리고 한 켤레당 2만 원 정도에 팔았다. 그런 시장에 내가 기계로 촉감 좋은 양말을 만들어 켤레당 1만 원에 파니 유럽 사람들이 얼마나 좋아했겠는가? 게다가 값도 더 싸다. 그래서 미국이 달러를 엄청나게 풀었어도 여전히 달러로 비슷한 수준의 물건을 살 수가 있고, 또 아직도 달러가 있어야 하는 나라들이 계속 생겨나고 있다.

달러 수요와 공급의 불일치

그런데 미국이 이제는 달러를 무한정 공급하려고 하지 않는다. 미국이 생각해도 달러가 너무 많아졌다고 생각하는 것 아닐까? 미국도 미국 나름의 고민이 있었다. 아주 저렴한 비용으로 달러 지폐를 무한정 찍을 수는 있지만, 회계 처리라는 게 있다. 왜 찍고 어떻게 찍어서 누구에게 배분하는가. 그냥 뿌리는 것이 아니라 일단은 미국 중앙은행, 즉 FED에서 돈을 빌리거나, 국채를 vk는 식으로 돈을 발행한다. 따라서 이자가 발생하는 것이다. 달러를 발행할수록 이자가 많아지니 물 쓰듯 달러를 찍어내면 나중에 감당하기 어려워진다. 게다가 코로나19로 4조 8,000억 달러가량을 한 번에 풀었다. 이러니 미국에서도 물가가 상승하지 않을 수 없는 것이다. 그래서 미국은 시중에 풀린 돈을 거둬들이려고 한다. 또 하나는 미국 국민 대다수가 부의 양극화로 이전보다 가난해져서 이제는 미국의 달러(자산)가 외국으로 나가는 걸 대단히 싫어한다.

다음 그래프는 내가 앞으로도 계속 강달러가 유지될 것이라고 믿는 근거다. 많은 경제 전문가는 언제 달러가 약화될 것인가에 초점을 두고 있다. 그렇지만 나는 달러 강세는 꽤 오랫동안, 적어

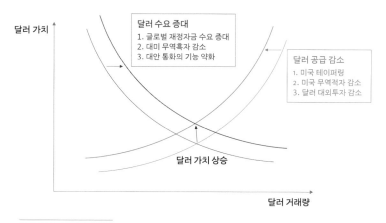

향후 달러 수요 공급 곡선

도 세계 경제가 다시 호전될 때까지 지속될 것이라 생각한다. 한국은 IMF 시기에 겪었던 원/달러 환율 1,600원도 넘어설 가능성이 있다고 본다. 이미 원/달러 환율이 1,255원을 넘는 강달러 시대가 되었다. 달러인덱스 기준으로도 최근 10년 이래 가장 높은 수치인 105를 넘었다. 강달러 시대는 오래간다. 적어도 10년 이상은 지속될 것이라고 본다. 이렇게 예측하는 근거는 비교적 단순하다. 달러 공급은 줄고, 달러 수요는 증대할 수밖에 없기 때문이다.

미국 달러의 세계적인 공급은 확실하게 줄어들 전망이다. 미국의 달러 금리 인상은 전 세계 자본의 미국 유입을 발생시킨다. 게다가 미국은 지금 코로나19로 지나치게 많이 발행된 달러를 다시 거둬들이고 있다. 급격한 달러 발행 감소는 일어나지 않고 있지만 점진적인 테이퍼링을 시행하고 있으며, 또한 미국의 에너지 수출로 인한 무역수지 개선도 예측된다. 유럽과 세계 각국은 우크라이나 전쟁으로 러시아에 대한 에너지 의존도를 줄이고 미국산 셰일석유와 천연가스 수입을 늘리려고 한다. 2021년 기준으로 보면 미국은 전 세계 천연가스 생산 비중이 23.1%, 수출 비중은 17.5%에 달하는 자원 부국이다. 게다가 대중국 무역전쟁의 하나로 미국 국내 제조업의 생산을 강화하고 있어, 무역수지 개선을 통해 달러 해외 유출을 감소시킬 전망이다.

반면 미국 이외의 국가들은 달러 수요가 늘어난다. 러·우 전쟁과 미·중 무역전쟁에 이어, 지구 환경 변화로 인한 자원 공급과 환경보호로 기업환경은 급격히 악화하고 있다. 세계 경제가 악화하고 있는데 결국 필요한 것은 안전자산이며, 현재 달러를 대체할 만한 안전자산은 없다. 하지만 미국은 오히려 달러 공급을 줄여나가는 방향으로 가고 있다. 미국으로서는 무제한 무역 적자를 볼 수 없고, 대중국 경쟁력을 강화하기 위해 어쩔 수 없이 택한 선택이다. 이러한 경향은 달러 위상이 약화할 것이라는 전문가들의 전망과 달리 달러 패권을 더욱 강화할 것이다. 앞으로 미국 이외의 국가들은 달러 확보량을 늘리기 위해 필사적으로 노력해야 한다. 그러기 위해서는 대미국 수출을 늘리려 할 것이며, 이로 인해 달러는 지속해서 강세를 보이게 된다.

이러면 미국의 해외 제품 수입 가격은 낮아지고, 미국 국내 물가도 낮아진다. 2022년 8월 미국 소비자물가지수(CIP) 상승률이 8.3%를 기록하면서 미국의 인플레이션을 걱정하지만, 점차 인플레이션율이 낮아질 것으로 기대하는 데다가 실제로 예측치보다 낮아지고 있다. 향후 미국 달러 공급 감소와 글로벌 달러 수요 증가가 지속된다면 미국은 오히려 디플레이션을 걱정해야 할 수도 있다. 일부에서는 인플레이션을 고려하여 대중국 부과 관세를 감소할 수도 있다고 예측하지만 그럴 일은 거의 없을 것이다. 인상된 관세 전부가 중국 수입품의 가격에 반영되지 않았을 뿐만 아니라, 이마저도 이제는 소비자가 적응하였고, 일부는 중국 이외의 국가에서 수입하고 있어 관세 인하는 큰 효과를 발휘하지 않을 것이 분명하기 때문이다.

현재 추세로 보면 미국 달러에 대한 공급과 수요의 불일치로 인해 미국은 디플레이션, 다른 나라는 인플레이션이 일어날 가능성이 크다. 이에 한국은 달러를 벌어들이는 자, 즉 기업의 적극적 활동을 지원해 최대한 달러를 많이 들여오게 해야 한다. 한국만이 갖는 전략적 자산, 타의 추종을 불허하는 초격차 기술, 제품, 문화를 만들어내야 한다. 그래야 전 세계적인 달러 확보 경쟁에서 우위를 점할 수 있고, 악화하는 세계 경제에서 다른 나라보다 그나마 덜 악화된다. 좀 더 바란다면 G2까지 바라볼 수 있다.

공급은 줄고 수요는 늘고

미국에서는 금융 기관이 다른 금융 기관으로부터 지급준비금을 일시적으로 대출하는 데 적용되는 무담보 1일물 금리, 즉 24시간 동안 돈을 빌릴 때의 금리가 기준금리다. 한국에서는 한국은행이 일주일에 한 번(매주 목요일)씩만 시장에서 7일 만기 환매조건부 채권을 팔 때의 금리가 기준금리이다. 그리고 이 기준금리가 그 나라 모든 금리의 기준이 된다. 그중에서도 미국의 기준금리는 전 세계의 기준금리가 된다. 미국 달러가 기축통화인데다 미국은 금융시장이 가장 발달해 있고, 경제 규모도 가장 큰 나라이기 때문이다. 그런데 최근 미국 연준이 지속적으로 기준금리를 높이고 있다. 미국의 기준금리가 올라가니 다른 나라의 달러 환율도 올라 마치 미국 금리가 환율 변동의 전부인 것처럼 보이는 것이다.

여기서 나는 이런 질문을 한다. 달러 대비 다른 나라 통화의 가격인 환율이 변하니 수요와 공급이 변하는 걸까, 아니면 수요와 공급이 변하니 환율이 변하는 걸까? 나는 앞으로 달러 공급은 줄어들고 수요는 늘어날 것이라고 본다.

미국 우선주의

2016년 11월 8일 미국 대통령 선거에서 트럼프 대통령이 당선되었다. 선거 당시 트럼프의 선거 구호가 'Make America great again!'였다. 이 위대함의 의미는 모든 사람이 잘살던 시절, 중산층이 먹고살 만한 시절로 다시 돌아가자는 것이다. 미국 사람의 이런 생각은 하루아침에 나온 것이 아니라 '먼로주의'라는 뿌리가 있다. 보통 고립주의라고도 하는데, 쉽게 '우리끼리 살 테니까 다른 나라들은 신경 쓰지 말아라!'라는 의미다.

반대로 국제주의도 있다. 국제주의는 민주주의의 가치를 세계적으로 펼치며 보호하기 위해 외국과 동맹 또는 협력해야 한다는 외교 정책이다. 우리나라는 미국의 고립주의보다는 국제주의적인 모습을 더 많이 보았을지도 모른다. 그런데 이제 미국 사람들이 국제주의에 지친 듯하다. 미국이 국제사회의 경찰 노릇, 빈민 구제자 노릇을 했기 때문에 미국 사람들이 가난해졌다고 생각하기 시작한 것이다. 나름대로 세계 평화와 인권을 보호하기 위해 열심히 하다 보니 '다른 나라들이 화폐 가치를 의도적으로 낮추어서 미국에 물건을 싸게 파네?' 내지는 '중국이 지적재산권을 마구잡이로 침해하면서 그 기술로 오히려 미국을 공격하네?' 하고 놀란 것이다.

이런저런 이유로 미국은 자국의 대외 정책을 다시 돌아보았다.

이를 계기로 자국부터 돌아보고 다른 나라도 챙기자는 미국 우선주의가 대두되어 본격적으로 중국과의 무역전쟁을 시작하게 된다. 그런데 무역전쟁은 이미 오바마나 클린턴 대통령 때도 시작하고 있었고, 중국은 애초부터 미국 도움으로 WTO에 가입할 때부터 '미국 타도'를 숨죽여 외치고 있었다. 1990년 덩샤오핑은 미국을 기만하기 위한 대외정책의 '도광양회(韜光養晦)'를 내세웠다.

미국 우선주의를 표방하면서 대중국 무역전쟁을 하지만, 이 전쟁의 미국 측 주체는 대통령이 있는 행정부가 아니라 미 의회 상하 양원이라고 보는 게 맞다. 대중국 무역전쟁에 관해서는 민주-공화당의 의견이 일치했으며, 입법 활동을 통해 대통령이 섣불리 중국과의 무역전쟁 수위를 낮추지 못하게 제동을 걸고 있으니 말이다. 미국 대통령은 중국의 시진핑 한 사람을 설득하면 되지만, 중국 시진핑은 미국의 대통령과 의회 하원의원 435명과 상원의원 100명, 도합 536명을 설득해야 미·중 무역전쟁을 끝낼 수 있다. 그런데 이 미·중 무역전쟁은 미국이 자국의 모든 정책을 돌아보게 하고 미국의 내부 결속을 이뤄냈다. 결국, 무역전쟁은 미국이 경제적 확장보다 내실 위주의 정책으로 회귀하도록 했다.

미국 우선주의는 경제, 국가안보, 이민 정책, 정부 예산, 아편 등 마약과 전쟁 5개 분야 정책 방향에서 나타나고 있다. 그중에서 경제적 측면을 보면 '가능하면 미국에서 벌고 쓰고 만들자'라는 경향이 보인다. 이런 경향은 정부 예산에서부터 나타난다. 해외

원조 등 그간 대외적으로 지원하던 예산을 줄이기 시작했다. 외부 문제에 적극적으로 간섭하지 않으면서 연방 재정의 균형을 이루겠다는 의미이다. 오지랖 넓게 세계 모든 일에 끼어들었음에도 효율성 없이 돈만 나가고 제대로 대접도 못 받았다는 서운함도 있었을 것이다. 그리고 남의 문제에 개입하지 않으면 그만큼 지출이 줄어들 것이라는 의중도 있었다.

미국 우선주의는 미국의 자급자족 또는 국산품 애용으로 나타난다. 2021년, 바이든 대통령은 'Made in America(Executive order 14005 on Ensuring the Future Is Made in All of America by All of America's Workers)' 행정명령에 서명하였다. 이 명령은 미국 연방 정부 기관에서 사용되는 물품은 가급적 미국인 노동자가 미국 내에서 만든 미국 제품을 사용하도록 지시하는 내용이다. '뭐, 그래봐야 미국 연방 정부에서 쓰는 것뿐인데 얼마나 되겠어?'라는 생각을 할 수도 있다. 그런데 이게 2020년 코트라 보고서 기준으로 보면 519만 건에 6,110억 달러(환율 1,300원 기준 약 794조 원)나 된다. 이 시장의 가장 큰 벤더인 러시아가 330억 달러, 한국은 겨우 270억 달러어치를 팔았다. 사실상 미국 연방 정부만 해도 무궁무진한 시장 중의 하나인데 이 시장에서 흘러나오는 달러 구멍이 확 줄어든 것이다. 실제로 외국 벤더의 비중도 줄이는 중이다.

축소지향 화폐 정책

2022년 치러진 미국 중간선거에서 상원은 민주당이, 하원은 공화당이 우세를 보였다. 전체적으로는 민주당이 공화당보다 우세를 보였다고 평가된다. 이 선거를 통해 미국 우선의 경제 정책을 민주당, 공화당 지지자 구별 없이 찬성하고 있는 것으로 나타났다. 세계화를 핑계로 미국 내 공장을 중국으로 이전해서 정작 미국에서는 일자리가 없어지는 일은 더 이상 참기 어려울 것이다. 대통령은 미국인을 위해 가시적인 공약과 성과를 내려 필사적으로 노력해야 했다. 대표적으로 현재 미국에서 진행하고 있는 금리 인상 등 금융 정책을 예로 들 수 있다.

미국 연준은 2022년 3월부터 0.25%였던 기준금리를 급격하게 인상했다. 11월에는 4%가 되었고, 2023년에도 계속해서 올려 5%가 되었다. 문제는 세계의 기준금리라고 할 수 있는 미국의 기준금리를 정할 때 미국 내의 경제 사정만을 고려했다는 것이다. 세계의 기축통화인 달러를 발행하는 미국 연준은 실질적인 세계의 중앙은행이나 마찬가지인데, 다른 나라의 사정을 전혀 고려하지 않고 인상했다는 불만이 전 세계에서 터져 나오고 있다.

미국 달러가 오래전부터 국제통화로 자리 잡으면서 미국 연준은 사실상 세계 중앙은행 역할을 담당하고 있다. 그러므로 미국의 통화 정책은 자본시장이 개방된 모든 나라에 직접적 영향을 끼친다. 그런데 미국의 인플레이션을 낮춘다고 갑자기 고금리 정책을 표방하면서 금리를 올린 것이다. 글로벌화된 지금의 세계에서 한 나라의 정책은 다른 나라의 정책에 영향을 미치는 경우가 많다. 특히 금융 정책은 그 전산화와 금융 자유화 진척 정도에 따라 국가 간 상호 작용이 실시간으로 매우 빠르게 일어난다. 신흥국과 개발도상국의 정책 입안자들은 미국 연준의 빠른 금리 인상인 자이언트 스텝의 파급 효과를 관리할 준비가 전혀 되어 있지 않은 상태에서 상황을 맞이했다.

높은 미국 금리는 글로벌 투자를 유치하고 달러 가치를 높인다. 그것은 미국에 도움이 되지만, 해외 달러가 미국으로 쏠려 들어가게 되면서 다른 나라의 외환보유고를 줄이고 환율이 인상되면서 실물경제를 악화시켜 부채 상환부터 수입에 이르기까지 모든 것을 더 비싸게 만든다. 미국 연준이 빠른 속도로 금리를 인상하면, 이로 인한 강달러 현상과 각국 화폐 가치 하락으로 인해 미국 이외의 나라에서는 달러 자본이 유출되고 경기가 침체된다. 이러한 과정을 보면 미국이 경기 침체를 전 세계로 수출한다는 비판이 그냥 나온 말은 아니다. 3년에 걸친 코로나19 충격, 미·중 무역전쟁과 중국의 팬데믹 봉쇄 등으로 세계 공급망이 붕괴되었는데, 우크라이나 전쟁으로 에너지와 곡물 가격이 급등하면서 세계 경제는 불황의 늪으로 빠질 가능성이 높아졌다. 이런 최악의 상황에서 국제 경제 리더인 미국이 자국 우선주의적 태도를 취하고, 달러 공급을 줄이면서 전 세계는 강달러의 함정에 빠져들고 있다.

그동안 세계화와 더불어 자본의 글로벌 자유화를 진행하던 나라들이 이러한 미국 우선주의적 금융 정책에 불만을 갖는 것은 당연하다. 그렇다고 미국이 글로벌 금융 자유화의 원칙을 지키는가 보면, 꼭 그렇지도 않다. 2008년 금융위기 때 미국은 자본시장의 자율 원칙을 깨면서 금융산업을 지켰다. 금융 투기 세력이 국경을 넘나드는 흐름이 해당 국가의 지속적인 경제 성장을 촉진하지 않는다는 것이 연구로 입증되었다. 그래서 미국이 좌지우지하는 금융 자유화보다는 브레튼우즈체제 시기처럼 어느 정도는 자본의 이동을 제한해야 한다는 목소리도 커지고 있다.

양적 긴축

양적 긴축(QT, Quantitative Tightening)은 중앙은행이 화폐의 유동성 또는 통화 공급량을 줄이기 위해 적용하는 긴축통화 정책 도구이다. 중앙은행은 대차대조표상의 자산을 금융시장에 매각해

자산 가격을 낮추고 금리를 올리는 방식으로 양적 긴축을 시행한다. QT는 중앙은행이 자산 가격을 높이고 경기를 부양하기 위해 돈을 찍어 자산을 사는 데 사용하는 양적 완화(QE, Quantitative Easing)의 반대 개념이다.

한때는 벤 버냉키의 '헬리콥터 머니'라는 우스개 아닌 우스개가 많이 떠돌았다. 2002년 당시 미국 연준 의장인 벤 버냉키가 미국의 경제 불황을 타개하려 달러를 헬리콥터에서 뿌리는 것처럼 풀겠다고 해서 생긴 말이다. 그야말로 사람들에게 현금을 주고, '아무 데나 가서 써라, 저축하지 마라!'라는 식이었다.

미국 연준이 돈을 늘리는 데 사용한 양적 완화와 헬리콥터 머니에는 차이가 있다. 양적 완화는 달러를 은행 간 거래에서 늘리는 것이고, 헬리콥터 머니는 가계, 즉 소비자에게 직접 주는 것이다. 둘 다 달러 공급량을 늘리는 방법인데, 최근 20여 년 동안, 아니 브레튼우즈체제가 시작한 1945년 이래로 연준의 달러 공급량은 꾸준히 늘고 있다. 그러다 코로나19라는 비상사태가 발생하면서 달러 공급량이 이전과는 비교도 안 될 정도로 확 늘었다. 2020년 미국 화폐 공급량이 비정상적으로 수직으로 솟구쳤다. 이제 다시 정상으로 돌려놓아야 한다. 2022년부터는 '이제는 그만 풀자'가 아니라, '풀었던 돈을 거두어 들이자'로 바뀌었다. 한국경제신문 8월 보도에 따르면 미국 연준이 2022년 9월부터는 월 최대 950억 달러(약 128조 원)의 보유 자산을 축소하는 양적 긴축에

나선다고 한다. 연준은 9월 만기가 돌아오는 436억 달러어치의 국채를 재투자하지 않고, 600억 달러 계획을 맞추기 위해 만기가 되지 않았지만 추가로 164억 달러어치의 국채도 매각한다고 밝혔다. 국채를 거둬들여 태운다는 것이다. 이제 미국은 달러 공급량을 줄이는 데 본격적으로 시동을 걸었다. 그럼 어떻게 될까? 달러 수요-공급 곡선에서 공급 곡선은 안쪽으로 들어오고, 달러 가치는 높아지는 것이다.

미국 무역 적자 감소

미국의 무역 적자는 세계에 달러를 공급하는 주요 통로였다. 2021~2022년 사이 미국의 무역 적자는 매달 666억~1,069억 달러를 오간다. 우리나라의 연간 무역 흑자만큼 미국은 매달 적자 보는 셈이다. 미국은 매달 이만한 돈을 전 세계에 뿌린다고 볼 수 있다. 아직도 전 세계는 달러를 더 벌어들이기 위해 사력을 다하며 외국에 수출하려고 한다. 그리고 수출하는 나라나 수입하는 나라나 그 돈을 달러로 받으려고 한다. 그런데 무역 적자가 줄어들면 이런 통로가 좁아진다. 달러의 공급은 줄어들고, 달러 가치는 높아지는 것이다.

한국은행이 발간하는 〈해외경제포커스(2022-25호)〉에 따르면 미 달러화 강세에도 불구하고 2022년 4월 이후 미국의 수출이 늘고 수입은 줄어 무역수지 적자가 축소되는 모습을 보이고 있다고 한다. 2022년 3월 1,069억 달러를 정점으로 이후 무역수지가 지속적으로 감소한다. 이론적으로 통화 강세는 해외 시장에서 자국 수출품의 상대 가격을 상승시켜 수출을 줄이고, 국내 시장에서는 외국 수입품의 상대 가격을 하락시켜 수입을 늘리는 효과를 나타낸다. 내 경험을 예로 들면 2000년 초반 발가락 양말 수출을 시작할 때 기준 환율을 대략 원/달러 1,100원으로 하였는데, 2001년 넘어가면서 환율이 1,300원 정도가 되었다. 발가락 양말 한 켤레당 약 11달러였으니 가만히 앉아서 켤레당 1.67달러의 이득을 본 것이다. 이때 유럽에도 양말을 수출했는데 유로/달러가 급격히 상승해 유럽으로 수출하는 양말은 거의 2배의 이익을 본 적도 있다. 미국 달러 가격이나 유럽으로 가는 유로 가격을 꽤 낮췄는데도 한국 돈으로 환산하면 기준 환율보다 높은 금액을 받았다. 이후로 나는 무역의 글로벌 경제 환경에 더 관심을 가졌다. 이렇듯 환율은 국제 무역과 수출입하는 사람에게 실질적 영향을 미친다.

달러가 강세를 보이면 수출이 줄고 수입이 늘어야 하는데 오히려 미국의 무역 적자가 줄어든다는 건 무슨 의미일까? 이는 바로 달러 강세를 넘어설 정도로 수출이 늘고 수입이 줄었다는 의미다. 한국은행 분석에 의하면 앞으로도 미국 무역 적자는 지속적으로 줄어들 가능성이 높다고 한다. 나는 그 이유로 미국 제조업 강화, 천연자원 수출 그리고 대외 투자 감소 이 3가지를 꼽는다.

첫째, 미국 제조업 강화이다. 제조업은 실물경제를 움직이고 국제 경쟁력을 재는 척도다. 그래서 현재 경제가 잘 나간다는 나라들은 예외 없이 제조업이 성장한 후에 서비스업이나 금융업을 키웠다. 미국에서 제조업은 GDP에서 2조 3,000억 달러의 생산액을 차지하고 1,200만 명의 직원을 고용한다. 이는 미국 GDP의 11%, 직접 고용의 8%에 불과하지만, 이 부문은 국가 자본 투자의 20%, 생산성 증가의 35%, 수출의 60%, 비즈니스 R&D의 70%를 포함한다. 제조업은 산업 혁명 이후 기술이 발전하고 경제 성장 동력으로 인정받았다. 그런데 미국은 브레튼우즈체제가 성립한 이후 닉슨 독트린으로 금본위제와 달러본위제를 포기한 후 제조업을 등한시하기 시작했다. 굳이 무역에서 수출입 균형을 유지할 필요가 없어졌고, 무한정 달러를 찍어내면서 금융을 키웠기 때문이다. 다른 나라들은 달러 대비 자국 통화의 가치를 낮추어 미국에 수출하고 달러를 가져오면서 경제 성장을 했으니 미국과 윈윈하며 지내왔다고 할 수 있다.

그런데 최근 들어 미국은 다시 제조업 경쟁력을 도모하고 있다. 미국의 제조업이 아주 망한 건 아니었다. 주된 관심을 받지 못했을 뿐이지 미국 제조업의 글로벌 경쟁력은 항상 1~4위를 유지하고 있었다. 일반 국민의 관심을 받는 소비재가 아닌 국방 분야, 최첨단 분야에 집중되어 있었던 것을 마스크나 의료기기 등을 비상시 필요한 제품들을 위주로 다시 경쟁력을 키우려고 한다. 이러한 정책은 오바마, 트럼프에 이어 바이든 행정부까지 이어지는 일관된 정책 흐름이다. 그중에서도 대표적인 것이 바로 리쇼어링, 니어쇼어링, 그리고 프렌드쇼어링이다.

쇼어링은 'Shore(호숫가, 해변)'에다가 동명사 '-ing'를 붙인 것이다. 오프쇼어링(Off-shoring)이라고 하면 해변에서 떠난다, 즉 기업들이 비용 등을 문제로 해외로 떠난다는 것이다. 리쇼어링(Re-shoring)이라고 하면 해외에 나간 자국 기업을 규제 완화 등으로 불러들인다는 뜻이다. 니어쇼어링(Near-shoring)이라고 하면 나라에서 가까운 곳으로 불러들인다는 것이며, 프렌드쇼어링(Friend-shoring)은 친구 나라에서 만든다는 의미다. 아웃소싱(Outsourcing)과 다른 점은, 아웃소싱은 비즈니스 운영 또는 프로세스의 일부를 제3자에게 위임하지만, 오프쇼어링은 일부 비즈니스 프로세스 또는 운영을 해외로 재배치하는 것이다. 이때 비즈니스 작업이 여전히 한 회사 내에서 수행되며 작업 수행 방법을 단독으로 제어하는 것을 의미한다. 1980년대 이후부터 10여 년 전까지만 해도 생산 효율의 극대화를 위해 미국 내 생산시설을 미국 외의 국가, 주로 아시아 지역으로 이전하는 것이 보편적이었다. 하지만 이제는 반대다. '미국에서 만들거나, 미국에서 가깝거나 미국과 동맹인 나라에서 만들어 미국에 팔아라' 하는 주의다.

　그래서 많은 기업이 미국에 제조시설을 만들기 시작했다. 이러한 노력의 결과로 바이든 대통령 취임 후 1년간 660만 개의 일자리가 창출되고, 이 중 37.5만 개가 제조업 분야로 30년 만에 최고 수준에 도달했다. 2030년까지 제조업 일자리는 약 400만 개까지 증가할 것으로 전망하고 있으며, 미 노동통계국(BLS)의 22년 3월 실업률 예측치는 3.6%로, 코로나19 이전 수준(2022년 2월 4.4%)으로의 안정화 추세를 보인다. 2021년 미국의 외국기업 투자유치 실적은 3,670억 달러로 중국의 1,810억 달러, 홍콩의 1,410억 달러를 합친 것보다도 많다. 이러한 미국의 외국 기업 투자 유치 액수는 단순히 다른 나라로 갈 3,670억 달러뿐만 아니라 향후 미국이 외국에서 수입하면서 내보내야 할 달러의 공급이 줄어듦을 의미하는 것이기도 하다.

　둘째, 천연자원(에너지) 수출이다. 1998년 미국은 '셰일혁명'이라 일컫는 시추기술이 사용되기 시작한 이후로, 셰일가스와 석유 생산이 빠르게 이뤄지면서 원유 순수출국이 되었다. 미국은 2011년부터 본격화한 셰일혁명에 힘입어 2018년에 일일 1,099만 배럴의 원유를 생산하여 세계 1위 산유국이 되었다. 석유는 2020년 에너지 수입 가치의 92%, 에너지 수출 가치의 74%를 기록하며 미국 에너지 무역의 대부분을 차지한다. 미국 석유 순 무역 적자는 2008년에 최고조에 달했지만 지난 10년 동안 미국 석유 수출량이 증가하면서 감소했다. 사상 최고 수준으로 증가했고 수입은 감소했다. 2020년 미국의 순 석유 무역 적자는 30억 달러로 기록상 가장 작았는데, 이는 부분적으로 코로나19 완화 노력으로 인한 소비 감소 때문이다.

천연가스는 미국 에너지 무역에서 차지하는 비중이 증가하고 있으며 2020년에는 에너지 수입 가치의 5%, 에너지 수출 가치의 22%를 차지하여 260억 달러의 흑자를 기록했다. 미국 천연가스 수출량은 2020년 사상 최고치를 기록했으며 2021년에도 계속해서 증가했다. 미국 에너지정보국(EIA)의 자료에 의하면 2020년 미국의 에너지 제품 순 상품 무역 가치 (석유, 천연가스, 석탄 및 전기의 수출 가치에서 수입 가치를 뺀 금액)는 270억 달러의 흑자였다. 이 금액은 미국 에너지정보국이 무역 관련 데이터를 만들기 시작한 1974년 이후 처음으로 미국 에너지 수출액이 수입액을 초과한 것이다. 앞으로도 미국의 에너지 수출은 전망이 밝고 수출액도 늘어날 것으로 보인다.

러시아와 우크라이나 간 전쟁은 자원 분쟁으로 볼 수 있다. 이 전쟁으로 인하여 전 세계가 에너지 가격의 상승을 겪게 되었다. 우크라이나 전쟁은 '에너지 패권전쟁'이라고 할 수 있다. 러시아와 중국, 유럽, 그리고 인도 간의 에너지를 둘러싼 경제·정치적인 이해관계가 매우 첨예하게 맞서고 있기 때문이다. 중국은 러시아로부터 에너지를 값싸게 구매하는 기회가 생겼지만, 유럽이나 미국과 더 적대적 관계가 되는 것은 불편하다. 중동의 사우디아라비아, 이란, 이라크 등과는 달러 대신 위안화로 결제하자는 틈새 전략을 세우고 있다. 이란, 이라크에 이어 사우디아라비아까지 페트로위안화가 된다면 미국의 기축통화를 흔들 수 있는 가능성을 가진다. 그만큼 중국의 세계적 영향력은 높아진다. 그렇지만 전체적인 에너지 시장이 불안정해지는 것, 그중에서도 세계 1위 석유 생산국가인 미국과 대립각을 세우는 것은 안정적인 자원 공급망을 바라는 중국에게도 마음 편한 일은 아닐 것이다.

유럽은 러시아에 대한 에너지 의존도가 대단히 높다. 러시아 천연가스의 최대 수입국인 독일은 이번 전쟁에 가장 불안한 나라이기도 하다. 반면 인도는 여유롭게 러시아산 석유를 저렴히 구매하고 있지만, 그러면서도 미국과의 관계도 손상되지 않는다. 중국에 버금가는, 어쩌면 이미 중국을 넘어선 14억 명의 인도 인구가 미국의 힘이 될 수 있다. 에너지 수급 면에서만 본다면 판세는 미국에게 유리하게 흘러가고 있다. 이 흐름을 유지하려면 미국은 에너지 위기에 처한 유럽 국가들의 미국에 대한 실망감을 줄이고, 비교적 친러성향을 보이는 독일의 변화를 이끌어야 한다. 따라서 미국은 유럽에 천연가스를 지원해주며 유럽 대륙에서 에너지 시장의 주요 패권국으로 자리 잡아가고 있다. 이번 전쟁으로 미국의 에너지 패권은 더욱 강해질 것으로 보인다. 물론 에너지 수출도 늘어날 것이다.

미국은 상품 무역수지가 계속해서 적자이지만, 에너지 무역은 적자 폭을 줄이더니 2020년 4월에는 에너지 무역이 흑자로 돌아섰다. 1952년 미국이 에너지 순 수입국이 된 이래 처음이라고 한다. 미국은 이후 지속적으로 흑자폭을 늘리고 있다. 2008년부터 에너지 수출이 획기적으로 늘면서 무역수지 적자의 확대폭이 감소되고 있다. 이러한 미국의 에너지 수입 감소와 수출 증대로 인한 무역수지 적자의 감소는 전 세계의 달러 공급이 줄어드는 요인으로 볼 수 있다.

세계는 계속 달러를 원한다

무너지는 경제체계

전 세계가 코로나19와의 전쟁을 경험했다. 부족하게 대응해서 기회를 잃어버리는 것보다는 오히려 과잉대응이 낫다고 모두 소리친다. 가계는 자본과 노동력을 갖고 이를 기업에 공급하며, 기업은 공급받은 자본과 노동력을 통해 재화를 생산하고, 가계는 기업이 지급한 돈으로 재화를 구매하는 식으로 소득이 순환하고 경제가 성장한다. 따라서 이러한 흐름의 한 부분에 차질이 발생하면 결국 모든 흐름이 둔화되는 결과가 발생한다. 문제는 이 타격이 한 지점에서 발생하는 것이 아니라 여러 곳에서 한꺼번에 발생한다는 것이다.

코로나19 이전에도 하향곡선을 그리던 세계 경제는 코로나19의 연쇄적이고 동시다발적인 타격에 급격한 하락을 겪었다. 이에 대한 대응책은 전례가 없어 효과적인 대응책이 무엇인지 경제학자나 정책 담당자들이 아는 바가 없다. 그렇기에 나올 수 있는 유일한 방법은 '먼 미래든 가까운 미래든 장기적인 고민은 나중에 하고, 지금 당장은 총력을 다해서 우선 닥친 문제부터 풀자'는 것이다. 실물경제가 무너지고, 사람들이 죽고 난 다음에 경제 사정이 나아져 봐야 소용없다. 일단 급한 불부터 끄고 다음을 생각하라는 것이 현재까지 나온 유일한 해결책이다. 가능한 한 빠른 시일 내 수단과 방법을 가리지 않고 대응해서 코로나19와의 전쟁이 끝날 때까지 경제 사정이 나아지지는 않아도 현상을 유지하자는 것이다. 그리고 그 방법은 무한정 돈을 푸는 것이다. 세계 각국의 정부들은 국민에게 조건 없이 재난지원금이라는 명목으로 현금을 뿌리기 시작했다.

헬리콥터 머니, 새로운 종말의 시작

　헬리콥터 머니는 중앙은행이 돈을 창출하여 부채 없이 일방적 이체 형태로 국민에게 직접 돈을 제공하는 통화 정책이다. 헬리콥터 머니의 유효성에 대한 의구심은 꾸준히 제기되어 왔지만, 코로나19는 이론적 논란보다는 현실적 급박함을 앞세우게 만들었다. 많은 사람이 일자리와 소득을 잃는 반면 월세, 전기료, 은행 이자 등과 같이 필수적으로 내야 하는 비용은 계속 발생했다. 시간이 급하고 수혜자를 선별하는 데 추가적인 비용이 들어가니 국민 모두에게 주거나, 선별하되 가급적 많은 사람에게 현금으로 상환 의무 없이 지원했다. 어느 나라든 정부의 재정 정책을 파괴할 만한 이런 파격적인 제안을 쉽게 생각하지 못하는 게 당연하다. 평소 같았으면 많은 사람이 '미친 짓'이라며 비난을 퍼부었을 것이다. 이러한 제안은 도덕적 해이 같은 문제들, 즉 열심히 일한 사람에 대한 차별, 부자와 가난한 사람이 같은 돈을 받는 것에 대한 재정의 낭비 등에 대해 비난받아야 마땅했다. 하지만, 코로나19라는 비상시국에 아무도 반박을 제기하지 않았다. 다만, 누구에게 언제까지 어느 정도 제공해야 하는지에 대한 미약한 제안만 있을 뿐이었다.

이렇게 헬리콥터 머니를 뿌린 이유는 코로나19가 억제된 후에도 경제 불황이 상당 기간 지속된다고 예상했기 때문이다. 분명한 것은 이로 인한 과잉 유동성으로 전 세계는 또 몸살을 앓아야한다는 점이다. 이전에 헬리콥터 머니는 미국, 일본 등 몇몇 나라에서만 뿌려졌지만, 이제는 전 세계의 많은 나라에서 동시다발적으로 실행되었다. 일본이나 중국 같은 나라는 이미 엄청난 규모의 재정적자를 겪고 있는데, 거기에 더해 헬리콥터 머니를 뿌리고 양적완화까지 한다면 중앙은행의 통화 정책은 무력화될 것이다. 통상적으로 엄청난 하이퍼 인플레이션이 와야 한다. 그러나이미 글로벌화된 과잉생산 체제는 전 세계적인 디플레이션을 불러올 것이다. 이미 세상에 필요한 물건은 넘치고 넘친다. 만약 세상이 망하게 된다면, 기업들은 있는 재고를 저렴하게 팔아서라도현금을 확보하고자 할 것이다. 그렇기 때문에 하이퍼 인플레이션대신 디플레이션이 올 가능성이 높다. 그러나 모든 품목의 가격을 다 내리지는 않을 것이다. 식품과 같은 필수품은 하이퍼 인플레이션을, 자동차나 사치품과 같은 비필수품은 디플레이션을 겪을 수도 있다. 테슬라 자동차의 가격이 20% 하락했다며 곤혹을치른 것이 그 전조일 수 있다.

하지만 달러는 다르다. 온 나라가 자국의 경제 회복을 위해 달러가 필요하기 때문에, 달러는 하이퍼 인플레이션보다는 달러화

가치 상승이라는 호재를 맞을 수 있다. 내가 보기에 코로나19 이후에는 엔화나 위안화의 가치가 폭락하고, 유로화의 가치는 그런대로 현상 유지할 수 있을 것이다. 미국에서 2조 달러 이상을 풀었다고 하지만, 세계가 요구하는 달러화에 대한 수요는 그 이상이 될 것이기 때문이다. 당장 중국만 해도 무너진 경제를 회복하기 위해서는 그만큼의 달러가 필요하다. 대외 채권이 있다고는 하지만 일대일로(一帶一路)의 사례에서 본 바와 같이 그 채권의 상당 부분은 부패 관료에 의한 해외 도피, 부실 자산화로 인해 회수 불능 상태에 있음을 감안하면 중국 위안화의 미래는 밝지 않다.

　전 세계가 동시에 실행하는 헬리콥터 머니와 양적완화는 일시적으로 급격한 실업 증가와 GDP 감소 가능성을 감소시켰고, 더 중요한 것은 인명을 구했다. 하지만 이는 분명히 재정적자를 동반하고, 언젠가는 다시 중앙은행으로 끌어들여 와야 하는 돈이기에 그 방법의 속도와 방향에 따라 지구 경제는 다시 한번 요동칠 것이다.

달러는 양날을 가진 칼

미국이 내부 경제적 사정으로 달러 공급을 줄이고 있지만, 세계의 달러 수요는 여전하다. 아니, 오히려 늘고 있다. 왜 세계는 달러가 더 필요할까? 역설적으로 글로벌 경제가 어려워질수록, 금융시스템이 흔들릴수록 달러는 강해진다. 자국 화폐의 안정성이 낮아지고 경기 불황이 발생하면 이를 회복하기 위한 자금이 필요해지기 때문이다. 그런데 어쩌면 경제가 어려워지는 가장 근원적인 원인은 미국일 수도 있다. 무한정 풀리는 달러의 달콤함에 젖은 세계 경제의 필연적 모순이다.

1971년 리처드 닉슨 대통령이 달러를 금으로 바꿔주는 금태환 제도를 중지하면서 브레튼우즈체제가 사실상 붕괴되었다. 닉슨 대통령의 이러한 발표로 달러의 신뢰도와 가치가 떨어졌고 미국의 물가 상승률이 두 자릿수를 넘어가는 닉슨쇼크가 발생하게 된다. 그러자 미국은 기축통화인 달러의 지위를 지키기 위해 사우디 왕가와 비밀 협정을 맺는다. 이때 사우디의 석유 거래 시 반드시 달러로만 결제해야 한다는 '페트로달러 시스템'을 구축했다. 이 시스템으로 세계 각국은 달러로 석유를 구매할 수밖에 없었고 달러는 기축통화로 신뢰를 회복할 수 있었다.

기축통화로 자리매김하는 데 성공한 달러는 이후 시중에 풀리기만 했고, 세계의 경제는 금융시스템의 레버리지 거품을 타고 오르면서 수십 배로 커지기 시작했다. 그렇게 커지고 커지다 코로나19로 한 방에 40년 누적된 과잉 유동성 거품이 터지기 시작했다. 이제 40여 년을 달러로 막던 세계 경제는 근거 없이 찍어내던 화폐, 종이를 바탕으로 키워왔던 경제의 한계에 도달하고, 이제부터 불황 위기에 접어들었다.

그럼 이런 사태를 미국이 달러를 더 풀어서 막아야 할까? 달러를 더 공급하기에는 미국도 이자 부담이 크다. 달러를 바탕으로 커갔던 나라들이 부담해야 할 이자 부담 역시 너무 크다. 이제 달러본위제의 글로벌 화폐 경제는 한계에 도달하였다고 본다.

자원 비용의 증가

20세기 후반부터 40년 이내에 석유가 고갈될 것이라는 예측이 끊임없이 나왔다. 지금까지도 석유 고갈에 대한 우려는 끊임없이 제기되지만, 아직 석유가 남아 있는 모양이다. 미국에서는 2000년대 들어 기술 개발로 셰일석유를 채굴할 수 있게 되면서

100년 이상 사용할 수 있는 석유의 양을 보유하고 있다는 이야기도 나온다. 그럼에도 석유가 지구상에 넉넉하게 남아 있다고 생각하는 사람은 아무도 없을 것이다. 게다가 지구상에는 석유가 나는 나라보다 안 나는 나라가 더 많다.

사우디아라비아와 같은 산유국이라도 석유가 고갈될 날을 두려워한다. 그들은 석유 자원에 대한 독자적 주권과 민족적, 국가적 이익을 오랫동안 누리기를 원한다. 이를 위한 방법으로 석유의 가격을 높게 매기거나 국유화시킨다. 나라 자원에 대한 소유권을 확실히 하고 미래에 대비하자는 정책은 당연할 수 있다. 이를 자원민족주의 또는 자원내셔널리즘이라고 하는데, 문제는 이러한 자원민족주의를 추구하는 나라들이 점점 많아진다는 것이다.

우크라이나와 전쟁하는 러시아는 유럽으로 향하는 천연가스의 가격을 올리고 심지어는 팔지 않겠다고 선언했다. 인도네시아 정부는 2022년 1월 한 달 동안 석탄 수출을 중단하고 2022년 보크사이트, 2023년 구리 수출 중단 계획을 발표하였다. 멕시코는 2023년부터 자국산 원유의 수출을 중단하기로 했고, 중국은 희토류로 자원민족주의를 이미 세계만방에 과시했다. 과거의 자원민족주의는 석유라는 단일 자원에 국한되었기 때문에 비교적 협상도 잘 되고 무난히 해결되는 경우가 많았다. 하지만 최근에는 천연가스, 니켈, 희토류 등 거의 모든 천연자원이 무기화되어 가고 있어 해결이 어려워졌다.

이뿐만 아니라 전기차와 배터리 수요가 급증하자 여기에 들어가는 필수 광물은 자원민족주의의 확실한 대상이 되고 있다. 전기차 배터리의 핵심 재료인 리튬을 세계에서 가장 많이 생산하는 칠레는 좌파 정권인 가브리엘 보리치 대통령이 집권하면서 과거 원자재 민영화를 실수라고 비판한 뒤 국영 리튬회사를 만들 계획이다. 칠레는 리튬 생산으로 인해 주변 물 공급에 영향을 미칠 것도 우려하고 있다. 칠레 정부에 따르면 구리 1톤을 생산하기 위해서 $70m^3$(입방미터)의 물이 필요한데, 1톤의 리튬을 얻기 위해서는 $2800m^3$의 물이 필요하다고 한다. 약 40배의 물이 더 필요하다 보니, 리튬 생산이 주변 생태계를 망가뜨린다는 것이다.

자원을 수입하기 위해 자원 획득 비용에 환경비용까지 더해야 하는 시대가 되었다. 그러다 보니 자원을 얻기 위한 비용도 당연히 올라간다. 그리고 석유는 물론 거의 모든 자원은 달러로 거래한다. 그러니 당연히 달러에 대한 수요도 늘어날 수밖에 없다.

안전자산의 선호

안전자산이란 정해진 기간에 미래 수익이 있고 실질적으로 손실 가능성이 없는 자산을 뜻한다. 대표적인 안전자산으로는 달러, 유로화, 엔화와 같은 외환과 금 그리고 천연자원 등이 있다. 일반 정부 및 중앙은행의 부채도 안전자산에 해당한다. 루드거 슈크네흐트가 발표한 자료에 의하면 정부 부채는 일정 정도까지는 확장적인 재정 정책으로 안전자산의 공급을 증가시키지만, 어느 한계를 넘어서면 오히려 위험한 자산으로 바뀐다고 한다. 국가 신용 등급은 부채가 마이너스로 넘어가는 변곡점까지는 최상급으로 유지될 수 있다. 그런데 현재 대부분의 나라에서는 이미 부채가 지나치게 많아 한계를 넘어섰고 재정 운용이 어려운 상태가 되었다. 국가 부채가 더 많아지면 국가부도 상태를 넘어가게 된다. 이런 불행한 사태가 되기 전에 모든 나라는 달러와 금 같은 안전자산을 늘리고, 자국이 보유한 천연자원의 값어치를 올리려고 할 것이다.

그런데 문제는 이러한 안전자산이 무한정으로 있지 않다는 데 있다. 천연자원은 수억 년 전에 만들어져 자기 나라 땅 안에 있어야 하는데, 그런 행운을 가진 나라는 많지 않다. 금은 미국이 전 세계 금의 절반을 가지고 있고, 값도 많이 올랐다. 위안화나 유로화는 세계적인 신뢰성이 점차 낮아지고 있다. 달러 역시 신뢰도가 낮아지고 있기는 하지만, 다른 나라 화폐보다는 여전히 낫다고 인정받고 있다. 그렇기 때문에 각 나라의 재정 상태가 더 바닥을 치지 않으려면 달러를 더 많이 확보해 안전자산의 곡선을 위로 올려야 한다. 실제로 일본은 정부 부채가 너무 많아 화폐 정책을 펼치기 어려운 지경에 이르렀고, 미국도 어려운 시기에 달러 가치를 유지하기 위하여 금리를 올려야 하는 상황이 왔다.

반면에 중국은 확보한 달러가 도피성 자금이 되어 외국으로 유출되고 있으며, 국채를 매각하여 달러 자산을 줄이고 있다. 이런 경향은 부패가 심하고 경제가 불안정하면서 개인의 소유권 인정이 불투명한 나라에서 많이 일어난다. 중국은 전체 GDP의 11~12%가 도피성 자금이 되어 해외로 빠져나간다. 이렇게 해외로 빠져나가는 돈은 중국 내 자본 축적에 전혀 도움이 되지 않는다. 즉, 경제 성장을 막는다. 이와 비슷한 예로 중남미가 오래전 선진국 수준의 경제 성장을 했지만, 여전히 개발도상국인 수준에 머무르고 있는 것은 자산의 해외 도피로 수출이 국내 경제 성장에 도움이 되지 못했기 때문이다.

이제까지의 역사로 보면 경제가 불안할수록, 금융이 불안할수록 미국 증시로 돈이 몰리고, 또 달러에 대한 수요는 커진다. 2023년부터는 세계 경제에 장기 불황의 그림자가 짙게 드리우게 될 것이다. 이로 인해 달러에 대한 수요는 커지고 해외로 도피시키려는 자산들은 달러라는 형태로 바뀌어 어딘가 숨을 것이다. 안전자산이 필요해지는 시점에 오히려 안전자산이 풍부한 미국으로 돈이 몰리는 현상을 보게 될 것이다.

강달러 시대와
4가지 시나리오

실물경제가 나아져야 한다

강달러가 세계 경제를 강타하고 있다. 그런데 강달러 기간이 얼마나 될지에 대한 예측이 필요하다. 그때까지 대비하면서 현재 가지고 있는 자원을 배분해야 한다. 분명한 것은 현재 달러 강세의 기준으로 보는 미연방준비위원회의 금리 인상 또는 인하 여부는 방아쇠 역할을 하기는 했지만, 강달러의 강도나 지속 기간에는 영향력이 아주 크지는 않았다. 왜냐하면 현재의 강달러를 불러들인 것은 연준이 아니라 미국의 기축통화 역할이고, 이를 끝내는 것도 연준이 아니라 글로벌 실물경제이기 때문이다. 연준의 역할은 글로벌 실물경제가 변하는 데 따른 세부 조정이다. 실물경제에서는 화폐의 수요와 공급과 더불어 자원, 환경, 그리고 국가 간 정치의 문제도 개입한다. 이런 사항을 염두에 두고 강달러가 언제까지 계속될 건지 예측해 보자.

자유, 자본주의 사회에서 돈으로 거래되는 것은 기본적으로 수요와 공급의 법칙이 거래의 밑바탕에 깔려 있다. 돈의 가치는 금리라고 하며, 다른 나라와 우리나라 돈의 상대적 가치는 환율이다. 그런데 미국은 돈의 가치를 마구 올리고 있다. 금리를 올리는 것이다. 희한한 것은 미국이 돈의 가치를 올리니까 다른 나라에서도 미국 돈의 가치가 마구 올라간다. 즉, 환율이 올라간다. 세상 모든 나라에서 '킹달러'라며 야단법석이다. 언제까지 이런 현상이 지속될까?

미 연준이 금리 인상을 멈출 때까지

미국 연준이 금리를 올린 이유는 바로 인플레이션 때문이다. 인플레이션은 우선 코로나19 대책으로 쏟아부은 최소 3조 달러가 가장 직접적인 원인이다. 미국은 지난 수십 년 동안 계속해서 달러를 풀었다. 그 과정에서 미국 밖으로 나간 것도 있지만, 미국 내에 남아서 과잉이 된 달러 액수도 만만치 않았다. 수십 년 동안 늘어만 가던 달러 화폐가 코로나19를 기점으로 확 늘었다.

그런데 코로나19가 미국 경제에 미치는 영향은 크지 않았다. 코로나19로 사망자는 많았지만, 경제는 약간의 충격을 받았을 뿐 금방 회복했다. 경제는 정상으로 돌아왔는데 푼 돈이 너무 많았다. 더구나 이때 푼 돈은 해외로 나가지도 않고, 미국 내에서 돌고 돌았다. 대표적인 현상으로 미국 주택 가격이 어마어마하게 올랐다. 2018년 2월 256.9이었던 미국 주택 가격 지수가 2022년 9월 에는 무려 395.2으로 65.2%나 올랐다. 이 남아도는 돈이 미국 내에서 문제를 일으켰고, 연준은 이를 회수해야 할 필요성을 느꼈다. 그래서 금리를 올리고, 돈의 회전을 줄이면서 시중에 푼 돈을 회수하고 있는 것이다. 그러면서 세계적으로 달러의 가치가 오르게 되었다.

미국 연준이 달러 금리를 고정시키거나 낮추면 강달러는 멈출까? 단기적으로는 그럴 수 있다. 왜냐하면 다른 나라들에 숨 고를 여유를 주기 때문이다. 사실 너무 급하게 금리를 올린 부작용이 만만치 않았다. 다른 나라들의 불만도 많다 보니, 미국도 다른 나라의 경제 사정을 고려해야 하는 것을 깨달았다. 그러나 금리 인상을 멈추고 달러 공급을 줄이거나 현재 공급량을 유지해도 강달러는 다시 진행될 것이다. 미국은 경제가 다시 정상화되었지만 다른 나라들은 아직 멀었기 때문이다. 즉, 미국 연준의 금리 인하는 현재 문제가 되는 강달러 추세에 절대적인 영향을 주는 것이 아니라, 실물경제의 변화에 따른 종속변수에 불과하다.

미국 정부의 달러 부채가 감소할 때까지

2022년 9월 미국 정부의 부채는 30조 9천 달러였다. 여기에서 미국 정부 부채는 개인, 기업, 주 또는 지방 정부, 외국 정부 및 미국 정부 외부의 기타 기관이 보유하고 있는 부채를 말하며, 미국 연방금융은행이 발행한 증권을 뺀 것이다. 미국 정부부채는 점차 줄어 2023년에는 9000억 달러가 줄어든 30조 달러가 될 것으로 예상하고 있다. 이 30조 달러 중 약 18조 달러는 해외 정부, 기관 또는 개인이 채권을 보유하고 있는 것으로 추산된다. 특히 코로나19 이후 불과 2년 사이에 약 7조 달러가 늘어났다.

아무리 달러를 찍어내는 미국이라지만 부담이 가지 않을 수 없다. 미국 연준의 금리 인상에도 한계가 있을 수밖에 없는 요인이다. 미국 연준이 금리를 인상하면 할수록 재정에서 이자 부담이 늘어나기 때문이다. 현재의 금리에서 0.5%만 이자를 올려도 미국 정부예산에서 1.5천억 달러가 이자로 나가야 한다. 결국 미국 정부는 지속적으로, 최소한 재정 운용에서 부담이 줄어들 정도로는 정부 부채를 줄여야 한다. 그 과정에서 달러 공급은 줄어들고, 강달러가 지속될 것은 분명하다.

미국 무역 적자가 다시 늘어날 때까지

미국의 무역 적자는 달러를 세계에 공급하는 주요 창구였다. 미국의 무역 적자가 크면 클수록 전 세계에 달러 공급은 많아지고, 이 달러를 바탕으로 글로벌 경제는 성장하였다. 게다가 코로나19가 시작된 2020년은 9천억 달러, 2021년은 1조 800억 달러의 적자를 기록해서 사상 최고의 무역 적자를 보았다. 그런데도 미국 달러는 약해지지 않았다. 그만큼 글로벌 경제에 미국 달러가 필요했다는 의미다.

그런데 미국의 달러 공급 창구인 무역 적자가 줄어들고 있다. 대중국 수입 의존도를 줄이고 있고, 자국 내 생산을 늘리는 데다, 석유와 천연가스 등 에너지 수출에서 흑자를 보고 있기 때문이다. 실제로 2022년 하반기 미국의 무역 적자는 급속히 줄어들고 있다. 앞으로도 계속해서 미국의 무역 적자가 줄어들고, 강달러가 지속될 충분한 이유 중 하나다.

제3의 기축통화가 나올 때까지

미국 달러를 대신해서, 또는 달러와 함께 글로벌 경제에 믿을 만한 통화를 공급한다면 현재의 달러 강세는 분명히 완화될 것이다. 그런데 그 대안이 현재로서는 없다. 미국 달러가 기축통화로 자리 잡은 시기는 2차 세계 대전 이후인 1945년 전후를 기준으로 잡는다면 벌써 80여 년 가까이 된다. 그 과정에서 1971년 금본위제를 포기하고 달러본위제로 전환하기도 했다. 이후 미국은 자국 경제에 대한 전 세계 국가의 신뢰를 바탕으로 달러를 공급하기 시작했다.

그러나 오래전부터 기축통화로서 달러의 지위가 흔들리고 있다는 목소리가 점점 높아지고 있다. 특히, 2000년대 시작된 서브프라임 모기지(비우량 주택담보대출) 사태 등으로 미국 경제의 불안정성에 대한 우려가 증가하기 시작했다. 그런데 최근 미국이 인플레이션을 이유로 달러 공급을 망설이기 시작했다. 이러다 보니 달러 독점의 기축통화체제에 대한 불만이 곳곳에서 터져 나오고 있다.

새로운 달러를 대체 또는 보완할 제3의 기축통화가 필요하다는 공감은 생겨났지만, 문제는 마땅히 떠오르는 대체 통화가 없다는 것이다. 유로화는 자중지란에 빠져있고, 중국 위안화는 정부 마음대로 휘둘릴 위험이 크며, 일본 엔화는 경제 체력의 약화로 신뢰성이 떨어졌다. 기축통화는 믿음과 신뢰를 바탕으로 만들어진다. 달러가 지금까지 기축통화로 지배적인 지위를 유지할 수 있었던 것은 미국의 경제력과 군사력에 대한 강력한 신뢰가 있었기 때문이다. 이런 이유로 당분간 글로벌 기축통화의 공급은 달러가 독점할 것이고, 강달러가 지속될 것은 분명하다. 여전히 세계는 달러가 필요하다.

Chapter 3

기회는
위기의 탈을 쓰고 온다

대한민국 경제의 4가지 변수

코로나 바이러스: BC와 AC

《세계는 평평하다》등을 쓴 뉴욕타임즈 칼럼니스트인 토머스 프리드먼은 역사를 코로나 이전(Before Corona)과 코로나 이후(After Corona)로 나누었다. 사람들이 코로나 바이러스의 존재를 알기 시작한 2020년 1월 20일 전후로 수많은 패러다임이 바뀌었고, 이 시대를 사는 모두에게 새로운 패러다임에 적응해야 하는 과제가 주어졌다. 역사를 구분하는 시대적 기준은 여러 가지가 있다. 가장 널리 구분하는 방법은 선사시대, 역사시대로 시작해서 예수의 탄생 전후로 BC(Before Christ)와 AD(Anno Domini, 그리스도의 해)로 나누는 것이다. 보편적 타당성을 인정받지는 못했지만, 최근에는 BD(Before Digital, 디지털 전)과 AD(After Digital, 디지털 후)로 나누기도 했다. 거기에 프리드먼식 역사 구분인 BC와 AC는 아직 파악되지는 않았으나 당장만 보아도 그 구분이 타당할 것 같다는 생각이 든다.

코로나19는 그야말로 가장 짧은 시간에 전 세계 국가에 강력한 영향을 미쳤고, 순식간에 한국에서만 3천만 명 넘는 감염 보균자가 생겨났으며 2023년 1월 23일 기준으로 3만 3천 235명이 사망했다. 전 세계적으로는 약 6억 7천만 명이 확진되었고, 674만 명이 사망했다. WHO에서는 글로벌 전염병이라는 의미의 '글로벌 팬데믹(Global Pandemic)'을 선언하였다. 그리고 코로나19는 달러가 부상하게 된 주된 원인이기도 하다. 코로나19의 영향력, 지속 기간, 피해 국가와 피해 정도에 대한 표면적인 것 말고도 보이지 않게 변화시키는 것도 많다. 하지만 아직 그 정도가 드러난 사항들은 미미하고, 이를 수치화하는 것도 실제 겪었던 일보다 너무 작아 보인다. 그러나 추상적이나마, 대략적이나마 코로나19로 인한 변화와 그 영향을 예측해 보는 것은 의미 있다고 생각한다.

글로벌 무역환경

　미·중 무역전쟁, 글로벌 금융전쟁 등으로 인하여 아슬아슬하게 정상 상태를 유지하던 글로벌 환경은 코로나19와 러시아·우크라이나 전쟁으로 인하여 확실하게 변곡점을 맞이했다. 글로벌 환경 변화의 관심사는 세계화가 지속될 것인지, 지역주의가 심화될 것인지 여부다.

　코로나19를 막기 위해 각국이 국경을 폐쇄하고 입출국을 금지했었다. 아예 자국의 육해공 국경을 막은 나라도 많다. 중국, 일본처럼 바다를 면한 나라는 물론이고, 유럽은 육지에 접해 있는 국경마저 막았다. 미국은 캐나다와 멕시코 국경을 막았고, 유럽과 아시아에서 들어오는 항공편도 중지시켰다. 전염병에 대한 공포는 자국 내 인적 교류의 흐름을 막았고, 더하여 국가간 인적 교류도 막았다. 2차 대전 이후 수십 년동안 도도하게 흐르던 자유주의와 세계화의 흐름이 갑자기 느려졌다.

　많은 전문가가 세계화의 흐름은 끊기고 지역주의가 심해질 것으로 예상하기도 한다. 이른바 국가주의가 심해진다는 것이다. 글로벌 경제가 과잉생산과 과잉화폐 정책으로 인한 수축되던 지난 10여 년간 포퓰리즘과 국가주의가 부상했고, 그 결과 각국 정부 지도자들은 국제적인 협력을 등한시했다. 영국은 유럽에서 전쟁을 막고 평화로운 EU의 공존에서 탈퇴하는 브렉시트를 감행하였고, 일본은 자국 내의 불만을 감추기 위하여 한국에 대한 무역전쟁을 선포하기도 했다. 그렇게 국가주의가 심해지던 차에 코로나19는 본의 아니게 자국을 봉쇄해야 하는 조치를 취하게 만들었다. 졸지에 세상은 서로 봉쇄하고 봉쇄당하는 상황이 되었고, 이러한 글로벌 환경의 변화는 세계화로 촘촘하게 엮인 상태에서 방향을 전환해야 했다.

한반도가 속한 동북아만 보더라도 러시아, 일본, 북한, 중국 그리고 미국이 그리 호의적이지 않은 상태에서 서로를 견제하고 있다. 이제 온전히 자기 의지대로 움직일 수 있는 나라는 없다. 비록 한국이 경제 규모로 세계 10대 강국에 속할지라도 글로벌 환경 속에서 한국의 위치를 재확인해야 했다.

무역환경에 대한 대응

국제 무역은 내생변수이면서 외생변수이기도 하다. 한국 경제는 무역 의존도가 100%를 넘는 드문 나라다. 그런데 그런 무역이 코로나19로 인해 전환점을 쳐다보고 있다. 국제 경제가 원활하면 한국 경제도 원활하고, 국제 경제가 나쁠 때도 한국 경제는 나쁜 게 일상이었다. 현재의 국제 경제에서 글로벌 생산 시스템이 재편되는 시기에 코로나19가 방아쇠를 당겼다.

코로나19 이후 한국 무역의 가장 큰 변수는 미국, 중국 그리고 일본이다. 미국은 리쇼어링을 통해 미국 제조업의 강화를 꾀하고 있다. 중국은 미·중 무역전쟁으로 글로벌 제조 공장의 위상을 베트남과 인도에게 위협받고 있다. 일본은 글로벌 기술센터, 품질 좋은 제품의 생산기지의 입지가 흔들리고 있다. 글로벌 빅3(BIG3) 국가의 변화가 코로나19 이후 한국의 경제에 큰 영향을 미칠 것이다.

기본적으로 한국 기업이 잘해야 하겠지만, 글로벌 무역환경이 호의적이어야 하는 게 한국 무역, 곧 한국 경제다. 코로나19로 인하여 관광, 여행 등 사람이 직접 움직이는 산업은 급격하게 축소되었고, 환율은 1,200~1,400원대를 넘나드는 강달러 시대가 되었다. 수치상으로 보면 그리 좋은 상황이라고는 할 수 없다. 이후에도 회복이 될지 의문이다. 다행히도 코로나19 사정이 조금 나아져서 사람이 움직이는 여행과 물건이 움직이는 무역에서는 점차 회복되는 추세가 완만하게 나타난다.

국제 무역에서 글로벌 환경은 악화되는 방향으로 갈 것으로 예상되지만, 이런 방향과는 별도로 한국 무역은 오히려 성장할 가능성도 꽤 보인다. 코로나19 와중 한국 의료 산업에 대한 호평이

전 지구적으로 쏟아졌다. 또한 BTS, 봉준호의 〈기생충〉, 한류드라마, 넷플렉스 한국 콘텐츠에 대한 인기 등을 감안하면 어느 때보다 한국의 소프트 파워에 국제적 평가가 높아졌다. 아울러 우크라이나 전쟁으로 한국 방위산업, 군수 물자 산업도 빠르게 떠오르고 있다. 이 기회를 잘 살린다면 코로나19가 오히려 한국에게는 중국과 일본을 뛰어넘을 기회가 될 수도 있는 것이다.

코로나 이후
변화된 한반도 상황

코로나19와 글로벌 경제

코로나19는 글로벌 환경에 많은 변화를 불러왔다. 코로나19가 일으켰던 불확실성에 대한 요소들, 즉 코로나19가 조속히 진정될지 또는 향후 더 많은 변종을 만들며 더 강한 전염병을 일으킬지, 이로 인해 새롭고 커다란 변화들이 많이 발생할지, 나라마다 강화되는 방역체계가 어떤 변화를 일으킬지 등에 따라 혼돈이 증가할 수 있다. 다행히 코로나19가 예상보다 일찍 끝난다면 지구상의 혼돈은 평온을 되찾고 예전으로 돌아갈 수도 있다. 그러나 다시 코로나19가 극성을 부린다면 이제까지 풀었던 돈을 거둬들이는 긴축 정책을 포기하고 다시 통화팽창 정책을 실시해야 할지도 모른다. 그렇게 된다면 한계점에 다다른 화폐 정책은 더는 소용이 없게 되고, 지구 경제는 막장으로 치닫게 될 것이다. 그럼 이제까지 인간이 고안한 거의 모든 경제 상식과 정책이 무용지물이 된다.

그리고 코로나19 이전부터 있었던 글로벌 경제의 많은 변수 중하나였던 미·중 무역전쟁이 새로운 패권전쟁으로 커지고 있다. 그 전쟁의 확대는 미국과 중국 간의 우호적인 정치·경제 관계의 종말을 의미한다. 이 무역전쟁은 코로나19로 더욱 격해졌고, 코로나19의 발생 원인부터 대응 과정까지 사사건건 중국과 미국은 서로에 대해서 돌이키지 못할 험한 말을 서슴지 않았다. 미국·중국 관계의 디커플링, 경제와 정치가 맞물려 도저히 끊어지지 않을 것 같았던 고리가 빠른 속도로 풀어지고 있다.

또한 글로벌 경제 전체도 기로에 서게 되었다. 방역 차원에서 시작한 공항 및 항구에서 외국인의 입국 금지는 사람은 물론이고 물자의 교류도 제한하고 있다. 그래도 사는데 필수적인 물건은 있어야 하기에 생산은 해야겠지만, 이제까지 중국에서 의존했던 많은 부분에 변화가 생기기 시작했다. 일단 중국에 대한 의존도는 낮추되 방향이 문제였다. 필요한 물건을 자국에서 생산할 것인가 아니면 중국 이외의 국가에서 생산할 것인가에 대한 결정이 남았다. 특히 세계 제1의 수입국인 미국의 결정이 매우 중요하다.

자국에서 생산하면 글로벌 경제가 자국 중심의 자급자족 위주로 갈 것이고, 중국 이외의 국가에서 생산한다면 오히려 글로벌 경제는 다양성을 더하게 되고, 이전에 글로벌 경제에서 소외되었던 아프리카, 서남아 중동 지역의 경제가 활성화될 것이다. 말하자면 무역전환 효과가 더 크게 나타나 글로벌 경제 활성화가 골고루 이루어지게 된다.

어떤 방향으로 가든 간에 그 영향권에서 벗어날 수 있는 나라는 없다. 특히 무역 의존도가 90~110%를 넘나드는 한국은 더욱 그렇다. 그래서 전염병으로 인한 혼돈 감소, 증가와 글로벌 경제의 분리, 통합이라는 두 개의 변수로 매트릭스를 만들어 각각의 시나리오를 구성할 수 있다. 우리에게 최상의 시나리오는 혼돈이 감소하고 글로벌 통합이 지속되는 1/4분 면이고, 전혀 가능성이 없는 것은 아니다. 그러나 코로나19가 쉽게 사그라든다는 전망도 줄어들 뿐만 아니라, 심지어는 더 한 전염병이나 코로나19의 강한 변종이 등장할 가능성도 높아지고 있다. 단순 확률상으로 보면 25%의 긍정적 확률과 75% 부정적 전망이 나온다. 그리고 러·우크라이나 전쟁도 쉽게 끝나지 않고, 설령 끝나도 그 후유증은 글로벌 경제에 깊은 상처를 남길 것이다.

근대 이래 한국이 위기에 처하지 않은 적이 없지만, 이번에도 만만치 않은 위기가 오고 있다. 한국, 나아가 한반도의 미래를 지금부터 잘 그려야 그나마 본전이라도 건질 가능성이 생긴다.

글로벌 생산방식의 변화

글로벌 통합과 분리를 결정짓는 가장 중요한 요소는 제조업의 향방이다. 코로나19 이전부터 시작한 미·중 무역전쟁은 글로벌 생산방식의 변화를 불러오고 있다. 코로나19의 발생으로 미·중 경제의 디커플링 현상은 급격히 가속화된다. 이것은 미국이 리쇼어링, 프렌드쇼어링 그리고 대체 생산기지 개발을 얼마나 강하게 추진하는지에 달려있다. 미·중 경제의 디커플링이 빠르게 이루어지면 미국과 다른 나라들이 자급자족적인 제조업으로 갈지, 중국 이외 국가에서 생산할지가 글로벌 경제의 분리 또는 통합을 결정하게 된다. 좁은 국토 안에서 높은 인구 밀도를 보이는 우리는 글로벌 통합으로 간다면 전화위복의 기회를 얻을 것이고 축소되는 글로벌 경제에서 최소한 현상 유지는 할 수 있다.

식량부터 에너지까지 자급자족이 가능한 미국은 막강한 기술력을 가지고 있다. 게다가 딜로이트의 보고서에 의하면 2020년 미국은 세계 1위의 제조업 경쟁력을 회복하였다고 한다. 이러한 미국이 리쇼어링을 강하게 추진하면 글로벌 경제는 각각의 나라가 스스로 필요한 것을 가급적 자국 내에서 생산하는 각자도생의 글로벌 분리로 갈 것이다. 이렇게 되면 무역 의존도가 높은 한국은 큰 타격을 받을 수 있다. 대신 미국이 지속적으로 대외적인 수입을 중국 이외의 국가들에서 한다면, 그동안 중국의 불공정한 행위로 정당한 경쟁의 기회를 갖지 못했던 아프리카, 중동, 서남아, 그리고 동유럽의 국가들이 도약의 점프대에 올라서게 된다. 이렇게 된다면 한국은 그동안의 어려움을 딛고 새로운 글로벌 제조업의 리더로 올라설 수 있다.

물론 정부와 국민들의 친기업 정책이 필요로 함은 당연하다. 글로벌 경제가 통합으로 가든, 분리로 가든 중국 제조업은 약화될 것은 분명하고 이에 따라 중국 경제의 침체는 소비의 감소를 불러올 것이다. 이는 한국 제조업으로서는 반사이익을 보겠지만, 매우 큰 비중을 차지하는 소비재 수출 시장이 축소된다는 의미이기도 하다. 대체 생산의 다극화를 결정짓는 중요한 또 하나의 요소는 외국인 직접투자(FDI)이다. FDI는 코로나19로 인한 혼돈이 사라지거나 불확실성이 감소하면 현상을 유지하거나 확대가 되겠지만, 혼돈이 지속되거나 증대된다면 당연히 감소할 것이다.

불확실성과 남북 관계의 변화

남북 관계는 당사자인 남한과 북한의 입장에 크게 좌우된다. 그 영향을 주는 측면에서 북한은 사상적인 면이 크다면, 남한은 경제적인 면이 크다. 이러한 역설적인 관계에서 한반도 전체로 보아 경제적 발전의 문고리를 잡고 있는 쪽은 남한이다. 이 주도권의 전제는 역시 돈이다. 남한의 돈은 내수 경제보다는 글로벌 경제에서 나온다. 글로벌 경제의 통합도가 높아질수록 남한의 경제적 성장은 커지고, 분리되면 남한의 경제 규모는 축소될 수밖에 없다. 미약한 천연자원과 5천만 명의 한정된 인구로는 남한 자체적인 내수진작을 아무리 외쳐봐야 성장은 고사하고 현상 유지의 티끌만 한 희망도 가질 수 없다.

미·중 무역전쟁이 평화적으로 해결된다면 남한의 경제는 재도약할 가능성이 매우 높다. 물론 남한 내부의 갈등이 사라지고 기업의 활력이 되살아나는 정책이 추진된다는 전제가 있어야 한다. 코로나19로 인해 전 세계가 혼돈에 빠졌을 때 남한은 상당히 안정적으로 전염병에 대처하였으며, 제조업 기술에서도 우수한 면을 보여주었다. 이미 기업 경영에서 하청 위주의 소재산업에 치중하는 일본을 뛰어넘어, 한류로 대변되는 한국 문화를 앞세운 완제품 중심의 무역으로 글로벌 경제를 이끌어갈 수 있다. 내부적 단결과 국가 이미지의 개선은 남북 관계에서도 주도적 상황을 만들어낼 수 있다. 북한이 안심하고 국제사회에 참여할 수 있게 도와준다면 한반도는 코로나19와 미·중 무역전쟁을 오히려 전화위복의 기회로 삼게 된다.

만약 미·중 무역전쟁, 국가별 봉쇄 정책, 지역주의 심화 등이 해소되지만 여전히 코로나19로 인한 혼돈이 지속된다면 글로벌 경제는 수축될 것이다. 그 와중에도 한국의 경제는 다른 나라에 비하여 덜 악화되겠지만, 북한은 코로나19의 불확실성에서 쉽게 빠져나오기 어려운데다 글로벌 경제와 분리되어 있어 더욱 악화될 가능성이 높다. 이때 남한의 글로벌 경제 리더십과 기술. 제조업 경쟁력을 바탕으로 북한을 글로벌 경제에 조금이라도 통합시킨다면 한반도 상황은 충분히 나아질 가능성이 높다. 개성공단 재개방과 더불어 2~3개의 북한 경제특구를 남한이 활용하는 방안도 추진해야 한다.

코로나19 문제가 사그라든다면 글로벌 불확실성은 감소되어 활기를 되찾을 수 있다. 그러나 한국 경제는 코로나19로 인한 불확실성보다는 미·중 무역전쟁으로 인한 글로벌 경제의 분리나 통합에 의하여 더 강하게 영향을 받는다. 미국이 고립주의로 되돌아가고 강력한 리쇼어링으로 제조업 경쟁력을 회복하면, 미국의 대외 수입은 줄어들고, 글로벌 무역 또한 줄어든다. 제2의 수입국인 중국의 경제 역시 대미 무역 의존도가 높다. 이런 상황에서 우리의 내부 결속력은 문제를 헤쳐가는 강력한 힘이 되지만, 그렇지 않을 경우에는 기존에 가지고 있던 힘마저 빠른 속도로 소진시키는 악재가 된다.

글로벌 경제가 자급자족 위주의 경제로 돌아서고, 코로나19가 잡히지 않는다면 한국 경제는 그야말로 최악의 상황에 접하게 된다. 국제 무역은 감소하고, 불확실성으로 인하여 외국인 투자자는 한국에 대한 투자를 줄이게 될 것이다. 그렇게 되면 남한의 경제는 늪 속으로 빠져들고, 북한의 안정성은 더욱 악화될 수 있다. 남한의 체력이 약화된 상태에서 북한 체제의 약화는 본의 아니게 급작스러운 통일을 걱정해야 할 상황으로 다가올 수도 있다. 가장 피해야 할 가정이기는 하지만 전혀 가능성이 없다고도 할 수 없는 악몽이다.

반복되는 미국발 금융위기, SVB 사태

금융위기, SVB 파산의 이유

SVB(실리콘밸리은행)가 파산했다. 미국발 금융위기가 또다시 터졌다. 미국의 금융시스템이 다시 의심받는다. 매번 어떻게든 해결되겠지 하는 믿음이 있기는 하다. 정말 다음 금융위기는 막을 수 있을까? 2008년 금융위기 이후 세계는 금융 안정을 위해 많은 노력을 기울였다. 그래도 금융위기는 다시 고개를 내밀고 있다. 위기는 방법, 빈틈을 찾아낸다. 금융위기를 예방하기 위해 정부의 대책이 촘촘해질수록 금융시장은 반시장적이 된다. SVB는 현재 달러 기축통화 시스템 내에서 규칙을 충실히 지켰고, 오히려 그게 파산을 불러왔다는 지적이 있다.

SVB발 금융시스템 위기

미국 샌프란시스코를 거점으로 하는 SVB는 주로 IT기업에 투자하는 기업으로 갑작스러운 뱅크런(대규모 예금 인출)을 당하기 전까지만 해도 미국 전체 은행 중 16번째로 큰 은행이었다. 3월 10일, 2,120억 달러의 자산을 보유한 이 은행은 놀라운 속도로 파산했다. 이렇게 큰 은행이 파산하기까지 걸린 시간은 36시간에 불과했다. SVB는 IT산업의 호황이었던 2021년 전후로 예금이 많이 들어왔고, 이중 상당 부분을 금융자산 중 가장 안전하다는 미국 국채와 주택저당증권 등 주로 장기 자산에 투자했다. 그런데 2022년 6월부터 미국 연준이 인플레이션을 우려하여 급격히 금리를 인상했다. 금리가 올라가자 대출이 어려워진 기업들은 맡겨둔 예금을 인출하기 시작했다. 보유 예금 잔고가 줄어든 SVB는 미국 국채 등 장기 자산 중 일부를 판매하였는데, 금리 인상의 여파로 국채 가격이 하락하여 약 18억 달러의 손실을 보았다. 이 과정에서 예금자들은 불안해졌고, 그들이 가지고 있던 스마트폰으로 인출하기 시작했다. 그리고 이 소문은 또 스마트폰, 트위터 등 SNS를 통해 다른 예금자들에게 전해졌다. 소문을 들은 사람도 역시 스마트폰으로 인출하는 식의 과정이 되풀이되면서 인출 규모가 커졌다. 결국 SVB는 인출 시스템을 정지시켰다.

SVB의 경영진이 비리를 저지르거나, 경영을 잘못하거나, 현재 은행 시스템의 룰을 지키지 않은 것은 없다. 오히려 금융시스템 내에서 보편적 룰을 잘 지켰다. 전체 규모에 비하면 미미하다고 할 수 있는 18억 달러의 손실은 정상적인 경우라면 얼마든지 곧 만회할 수 있는 수준이었다. SVB를 둘러싼 금융환경의 변화, 저금리와 양적팽창 기조를 고수하던 연준의 정책이 5% 내외의 금리와 양적 긴축으로 바뀌었을 뿐이다. 연준은 금리를 올려야 하는 상황이었고, SVB는 이미 투자된 장기 자산을 손해를 보고 팔아야 했다. 이런 상황은 고금리로 금융 기조가 바뀐 상황에서 어느 은행이든 당할 수 있는 구조다. SVB가 더 빨리 이런 일을 당한 이유는 SVB가 IT분야에 특화된 사업을 하고 있어 예금자들도 SNS와 스마트폰 활용에 적극적이었고 안 좋은 소문이 더 빨리 퍼져 나갔기 때문일 수도 있다.

금융시스템 위험, 예방은 가능한가?

롱텀캐피탈매니지먼트(LTCM)는 1990년대 초반 살로몬 브라더스의 유명 채권 트레이더였던 존 메리웨더가 창업했다. 옵션 가치 산출 공식인 '블랙-숄즈 모델'을 고안했고, 노벨 경제학상까지 수상한 경제학자인 마이런 숄즈 교수 등 천재적인 경제수학자와 물리학자들이 파트너로 참가했던 헤지펀드이다. LTCM은 그 천재들과 함께 당시 최첨단 컴퓨터를 동원하여 투자 손실 확률을 계산 후 저평가되었다고 판단한 러시아 채권을 대규모로 매수한다. 하지만 그들은 실패했다. 러시아는 그들이 예상하지 못했던 모라토리움을 선언했기 때문이다.

지금도 시그니처은행, 퍼스트리퍼블릭은행의 연쇄 위기설이 떠돌고 있고, 스위스 중앙은행이 크레디트스위스은행(CS)에 50억 파운드를 지원하기로 했다. 미국과 스위스의 중앙은행이 연일 자국 은행의 연쇄 파산을 막기 위한 정책 고안에 고민하고 있다. 이런 금융위기는 계속 있었다. 그런데 왜 자꾸 반복될까? 가장 기본적인 것은 금본위제가 1971년 닉슨 선언으로 파기되면서 금융의 자율 조정 기능이 소멸되었기 때문이다. 이후 달러는 무제한 공급되기 시작했고, 세계화되면서 달러 화폐의 영향력은 전 세계로 확장되었다. 그리고 그다음 과정은 무한반복이 되고 그 속도는 정보통신 기술의 발전에 따라 기하급수적인 속도로 빨라지고 있다. 이처럼 글로벌 금융시스템에 참가하는 금융기관이 늘어나고 연결되면서 복잡성이 증가해서 이들 기관의 행동을 예측하기 어려워진다. 또 하나는 이 시스템 내에 참여하는 개별 은행의 신뢰도를 측정하기도 어려워진다는 점이다. 각 은행의 신뢰도는 이 은행과 거래하는 주요 거래처들의 신뢰도와 연관되어 있다. 즉, 주된 거래처에서 이 은행에 돈을 빌려주거나 빌린 돈을 갚지 않을 가능성이 높아지면 평가 대상 은행의 신뢰도도 달라진다. 어쩌면 이번 SVB 촉발 금융위기는 이전처럼 또 무사히 넘어갈 수도 있다. 그리고 또 미국과 다른 나라들은 이 사태를 교훈 삼아 현 상황에 맞게 새로운 규제와 금융 안정화 방안을 내놓을 것이다.

최선의 방책을 마련해라

앞으로 터질 금융위기를 예방하지 못할 바에는 새로운 시스템을 고안하는 것도 괜찮다. 내가 생각하는 대안으로는 첫째, 세계 중앙은행 설립이고 둘째, 금본위제로 회귀이며 셋째 각자도생이다.

세계 중앙은행 설립

지금은 미국 연준이 부분적으로 세계 중앙은행의 역할을 하고 있다. 문제는 연준 말고도 거의 모든 나라는 각자의 중앙은행이 있고, 자국의 화폐 정책을 담당한다는 점이다. 그러다 보니 이런저런 글로벌 금융위기가 자꾸만 생긴다. 이를 전 세계적인 차원에서 한 번에 관리하면 부분적인 위기 정도는 쉽게 넘길 수 있을 것이다. 그리고 세계 공통의 화폐를 발행하면 된다. 지금도 이와 비슷한 기관과 화폐가 있기는 하다. 바로 IMF의 SDR(특별인출권, Special Drawing Right)이다. IMF 회원국 및 참가 기관이 갑작스러운 외화 부족 등 유사시 필요 외화로 교환하여 이용할 수 있도록 IMF가 인위적으로 창출한 대외 지급 준비자산이다.

국가 간 무역거래 및 금융거래 시 미 달러화에 대한 의존도가 매우 높은 상황에서 미 달러화의 공급량이 부족하거나 가치가 크게 변동한다면 국제유동성 상황이 크게 불안정해질 수 있다. SDR은 이와 같은 국제유동성 제약에 사전 대비하기 위해 미 달러화를 보완할 수 있는 새로운 국제통화의 창출이 필요하다는 공감대 속에 1970년에 탄생했다. 이 SDR을 전 세계가 합의하여 국제 공통의 통화로 지정하면 된다. 물론 쿠바, 북한 등 일부 국가를 제외한 전 세계 190개의 모든 국가의 합의를 이룬다는 것이 쉽지는 않을 것이지만 말이다.

금본위제로 회귀

세계 중앙은행의 설립은 모든 나라의 합의를 이루어야 하지만, 금본위제로의 회귀는 개별국가 차원에서 실행 가능성이 있다. 금, 은, 구리와 같은 실물 자산을 바탕으로 화폐를 발행하는 경우는 시장의 자동 조절 기능이 있다. 그래서 금융위기나 인플레이션, 디플레이션이 없다. 예를 들면 국내외 거래에서 중앙은행이 임의대로 발행하는 달러나 원화와 달리 금은 채굴량이 한정되어 있고, 외국에서도 그 가치를 인정받는다. 외국과의 무역에 화폐 대신 금을 사용할 때, 무역 적자가 발생하면 금이 외국으로 나가고 국내에서 금의 공급이 줄어든다. 따라서 화폐의 공급도 줄어 국내 상품 가격은 상승한다. 반대로 무역흑자가 발생하면 금이 국내 시장에 들어오고 은행의 신용 창조, 즉 화폐 발행량은 늘어난다. 통화량의 증가로 경기부양이 되면서 물가가 상승하는 것이다.

결과적으로 브레튼우즈체제 이전의 금본위제도로 다시 돌아가면 지금과 같은 금융위기는 발생하지 않는다. 문제는 세계에는 금이 충분하지 않을뿐더러, 현재처럼 확장된 경제하에서 금본위제를 하려면 다른 나라와의 관계 설정에서도 많은 문제가 생길 것이다. 그래도 추진해볼 만하고, 금융위기에 대한 가장 그럴듯한 대안이라고 생각한다. 꼭 금이 아니더라도 은, 구리, 석유 등을 기반으로 해도 된다.

각자도생

　금본위제나 실물 본위 화폐 경제가 그나마 실행하기 쉽겠지만, 국가적 차원이나 글로벌 차원에서 개혁하기는 만만치 않을 것이다. 게다가 한 나라의 화폐 정책, 금융 정책은 현재와 같이 글로벌화된 경제 구조에서는 더욱 복잡해진다. 그렇다면 현실적으로 현재처럼 굴러가면서 각 나라는 나라마다, 기업은 기업마다 각자 맞는 비상 금융위험 시나리오를 만들어 놓고 대안을 세워놓는 것이다. 그런 시나리오를 다 작성한다는 게 쉽지는 않겠지만, 가장 있을법한 것들을 가능한 한 많이 만들어 놓고 사장이나 담당 직원들을 모아 상상 시뮬레이션을 하면 하지 않는 것보다는 나을 것이다. 어쨌든 앞으로 올 금융위기는 모든 나라가 영향을 받는다. 실제로 좋을지 나쁠지, 어느 정도 타격을 받게 될지는 조직마다 다르다. 무대책인 듯 보이는 각자도생이 가장 현실적인 방안이기도 하다.

달러 기축통화 시스템에 주는 영향

금융위기는 반복되고 있고, 앞으로 더 자주 발생할 가능성이 크다. 게다가 전 세계가 공통으로 그 영향을 받는다. 미국의 자국 위주의 달러 운영 정책은 다른 나라들의 불만을 키워왔다. 달러 기축통화 시스템을 기반으로 한 달러 패권은 지난 수십 년간 전 세계 경제를 호황으로 이끄는 데 크게 기여했지만, 이제는 그 한계에 달했다. 많은 사람이 비트코인과 같은 가상화폐를 달러의 대안으로 생각하지만, 화폐로서 기능을 갖기에는 그 가치의 변동 폭이 너무 크고 빠르다. 특히 하나의 거래가 2~3개월 걸리는 무역 분야에서 무역 통화가 되기에는 너무 가볍다. 그렇다고 위안화, 프랑화, 파운드화, 유로화 등을 달러 대안으로 쓰기에는 아직 신뢰성이나 유동성이 달러 수준에 미치지 못한다. 하지만 시장은 반드시 방법과 빈틈을 찾아내고, 달러 패권의 악영향에서 조금이라도 벗어날 구멍을 만들어 낸다.

가장 쉽고 가능성 있는 대안은 달러의 지불 기능을 자국 통화로 바꾸는 것이다. 지금의 거의 모든 무역 거래나 금융 거래가 달러로 되어 있지만, 거래 당사국의 통화로 해도 문제가 없다. 중국은 이란산 원유를 위안화로 거래하고 있으며, 사우디산 원유도 역시 위안화 거래를 추진하고 있다. 인도는 농산물 수출 대금으로 기존 달러 대신 자국 화폐 루피화를 요구하고 있으며, 러시아와의 에너지 거래에서 아랍에미리트 통화 디르함을 사용하기로 했다. 미국과 적대적 관계에 있는 러시아도 중국, 인도, 터키와 자국 통화를 이용한 상호 무역 결제를 확대하면서, 기존 '국제은행 간 통신협회(Society for Worldwide Interbank Financial Telecommunication, SWIFT)'와 달러를 대체하는 새로운 금융시스템을 만들기 위해 노력하고 있다. 이처럼 국가 단위로 거래 당사국의 화폐 사용량이 늘어나면 세계는 달러 일변도의 거래에서 보다 다양한 거래 형태를 띠며, 달러의 영향력에서 벗어나려는 노력이 어느 정도는 달성될 것으로 보인다.

기업 대책

 금융위기 발발 시 역시 가장 취약한 나라는 신흥국이다. 2008년 금융위기 시 에콰도르와 전자제품을 거래하던 친구가 있었다. 그의 이야기를 들어보면 당시 중남미는 금융위기에 국가적인 변화가 있었다. 1998년 금융위기가 터지자 자국 화폐를 없애고 아예 달러로 공식통화를 바꾸었던 에콰도르는, 2008년 또다시 금융위기가 터지자 갑자기 외환거래 자체를 중단시키고, 달러를 배급제로 하면서 관세를 100% 올렸다. 10달러짜리 신발을 수입하는데, 부가 비용이 20달러가 되었던 것으로 기억한다. 중남미, 서남아, 아프리카에 주로 있는 신흥국은 늘 모라토리엄의 가능성, 선진국보다 더 크게 변하는 환율, 거래 상대 기업의 도산 위험성이 크다. 수출 기업은 무역보험공사의 무역보험의 활용도를 높이고, 수입 기업은 비상용 달러를 많이 확보해두기를 권한다.

 미·중 갈등이 금융위기로 격화될 수 있다. 이런 경우 미국이 자주 쓰는 방법으로는 달러 사용 중지 또는 달러 패권에 속한 금융시스템의 봉쇄다. 대이란 금융봉쇄로 이란에 수출하던 기업들이 갑자기 수출 대금을 받지 못했고, 우크라이나 전쟁 발발과 동시에 러시아의 달러 자산을 압류하고 은행 간 결제 시스템인 'Swift'를 사용하지 못하게 했다. 아직은 중국이 비슷한 금융제재 방법을 쓰지는 않았지만, 한한령처럼 특정 국가의 특정 산업에 대한 폐쇄를 할 수 있다. 이런 경우는 미리 예측하기도 어렵다. 그렇기 때문에 미국이 중국에 견제하는 산업이나 그 반대의 산업에 속한 경우 미리 조심해야 한다.

금융위기가 발발하면 생산성이 저하된다. 기업의 운전 자금이 부족해지거나 갑자기 국내외의 주문이 줄어들면 어쩔 수 없이 생산시설의 가동률이 줄어들거나 정지시켜야 할 수 있다. 또는 어려워진 거래선의 가격 인하 압박이 들어오면서 이익률이 저하되고, 산업 생태계가 급격히 변화하면서 투자했던 설비의 효율성이 낮아질 수 있다. 생산성 저하는 곧 기업 생존이나 경쟁력 저하로 이어진다.

금융위기는 곧 금융환경의 변화를 가져온다. 약했던 달러가 강해지고 수입 기업이 수입 가격 상승으로 채산성이 악화된다. 또한 은행의 대출 금리가 높아지고 대출 조건이 까다로워져서 자금 운용에 부담이 가중될 수 있다. 금융위기가 발발하면 기업의 도산이 높아지곤 한다. 은행의 대출자금 상환 압박이 커지기 때문이다. 결국 기업은 전략자산을 보유해야 한다. 이런 글로벌 금융위기가 닥칠 때마다 개별 기업이 할 수 있는 일이란 별로 없다. 다만, 기민한 대응이 요구될 뿐이다. 일단 금융위기는 환율 변동폭이 커지고, 금리도 역시 크게 변하면서, 기업 대출이 줄어들 수 있다. 이러한 상황은 국내외 거래나 마찬가지이지만, 특히 변수가 많은 국제간 무역 거래에서는 더욱 심하게 느껴질 수 있다. 기업은 살아남기 위해서 자산을 전략자산에 집중해야 한다. 인력과 예산이 상대적으로 풍부한 대기업도 모든 분야에 투자할 수 없고 모든 분야를 잘할 수 없다. 잘할 수 있는 분야에 집중해야 한다. 비즈니스에서 전략자산은 제품과 같은 유형자산이나 지식재산권과 같은 무형자산을 의미한다. 전략자산은 기업이 보유한 배타적이고 확장성 있는 자산이다. 전략자산에 집중해야 하는 이유는 자원의 유한성 때문이다.

코로나 이후 한국의 미래

최상의 기회와 활용

한국이 지금처럼 분열된 상태가 아니라면 한국 경제는 상당한 기회를 누릴 수 있다고 확신한다. 코로나19 이후 한국의 미래를 비교적 낙관적으로 보는 이유는 '한류' 즉 한국 문화의 세계적 부상 때문이다. 한 나라의 경쟁력에는 여러 가지 요소가 있지만 다른 나라가 한국을 어떻게 보는가도 대단히 중요하다. 국가 이미지가 좋아진다는 것은 기업의 입장에서도 노력에 더해 단지 한국산이라는 이유만으로도 제품 신뢰도가 높아진다는 이점이 있다.

과거 '일본제'라는 이미지, 현재 '중국산'이라는 이미지가 갖는 평가 요소는 확연하게 다르다. 한쪽은 '돈이 없어도 사고 싶다'는 생각이 들게 하지만, 다른 쪽은 '사고 싶지 않지만 돈 때문에 하는 수 없이 산다'는 인상을 준다. 그런 면에서 한류의 부상은 이제 화장품이나 명품 시장에서 'Made in Korea'가 'Made in Japan'을 넘어 'Made in France'에 근접하고 있다는 확실한 장점을 갖도록 해준다.

불행 속에 다행이라고 할까? 코로나19는 '한류'의 세계적인 유행을 가로막는 대신 '한국적 방역'이라는 새로운 신드롬을 발생시켰다. 중국이 코로나19에 대응하려 자국민을 무자비하게 억압하고 이동을 봉쇄한 데 반해 한국은 국민의 이동 제한 없이도 코로나19의 확산을 억제하는 데 어느 정도 성공했기 때문이다. 국민의 안전한 보건과 정부의 대국민 감시라는 갈등 요소에도 불구하고 한국은 중용적 정책을 취하여 세계 각국의 방역 벤치마킹 대상이 되었다. 민주주의와 첨단 커뮤니케이션 기술의 훌륭한 조합이라는 평가를 많이 받았다. 이는 중국의 비인간적 독재와 미국의 자유방임적 민주주의와 대비되면서 그나마 괜찮은 한국적 민주주의라는 새로운 시각을 세계인에게 각인시켰다.

현재 한국에 대한 국제사회의 평가는 그 어느 때보다 좋다. 삼성, LG, 현대 등 대기업의 기업 브랜드 선호도가 IBM, 볼보, 르노 등 서구사회 대표적 브랜드를 뛰어넘은 지도 오래되었다. 소프트 파워와 하드 파워에 대한 글로벌 평가는 높아졌지만, 이 둘을 결합한 종합적인 힘에서 아직은 부족한 편이다.

한국 경제가 성장한다면 남북 관계에서도 시너지 효과를 이룰 분야가 많다. 경제적으로는 개성공단의 재가동은 물론이고 북한 전체에 만들어진 경제특구를 활용하여 남북 경제협력을 일으킬 수 있다. 이른바 남북 갈등비용이 해소되고, 한반도 경제 발전에 투자되어 오히려 승수 효과를 발휘하게 된다. 그중에서도 기술 분야에서 남북 기술의 상호 활용은 4차 산업 혁명의 시대를 넘어서 5차 산업 혁명의 시대를 한반도에서 이끌어 갈 동력이 될 것이다.

전 세계에서 4차 산업 혁명의 기술적, 사회적 기반을 가장 잘 갖춘 곳이 한국이다. 그러나 모든 기술이 실생활에 구현된 것은 아니다. 기존에 설치되어 있는 낡은 설비를 일시에 폐기하고 값비싼 4차 산업 시대의 장비를 구매할 수는 없다. 반면에 북한은 그런 면에서는 백지상태다. 4차 산업 시대의 장비는 물론이고, 지금 무인 자동차나 무인 비행기 등 초연결 시대의 인프라를 건설한다고 했을 때 희생해야 할 매몰 비용이 없다. 여러 갈등이 사라지고 기술통합과 사회통합이 제대로 이루어진다면 한국은 글로벌 리더 국가로 우뚝 서게 될 것이다.

충분한 극복 가능성

코로나19는 한국에 위기보다는 기회가 될 가능성이 높다. 한국에는 여전히 다른 나라에 주어지지 않는 많은 기회가 있기 때문이다.

코로나19와 미·중 무역전쟁으로 인한 한국의 가장 강력한 변수는 세계화의 향방이다. 그 향방은 미국이 쥐고 있지만, 그에 대한 중국의 대응 또한 한국에 큰 영향을 준다. 미국이 중국과 디커플링을 추진하면서 세계화가 후퇴한다면 협력적인 글로벌 경제라는 전제하에 성장했던 한국의 수출은 이제까지 겪어본 적 없는 높은 장벽을 맞닥뜨린다. 달러 패권이 약해진다는 것은 한국에게 좋은 일은 아니다. 미국이 마음대로 세계를 쥐락펴락한다 해도 중국보다는 나을 것이기 때문이다. 세계가 다극화되면 차들이 바쁘게 오가는 사거리에서 교통순경이 없어지는 것과 같다. 그렇다고 일순간에 다른 패권국가가 나오지도 않을 것이다. 어쩌면 지금 전쟁하고 있는 유럽과 비슷한 상황이 벌어질지도 모른다. 패권국가가 없는 정글과 같은 글로벌 정치·경제는 늘 주시해야 한다.

세계적으로 부는 한류 열풍으로 한국의 소프트 파워가 강해지고 있다. 강한 소프트 파워는 당연히 하드 파워에도 긍정적인 영향을 미친다. 지금 분열에 분열을 거듭하는 갈등을 이겨내고 내부 통합을 이룬다면 당연히 사회적으로 안정을 누릴 수 있다. 온 국민이 힘을 합쳐 사회 위기를 극복하고자 한다면 노력 대비 효용성이 극적으로 높아질 것이며, 글로벌 위기에도 한국은 경제 성장은 물론이고 글로벌 리더 국가로 부상할 수 있다. 한국이 지금처럼 분열된 상태가 아니라면 한국 경제는 전 세계적인 위기에도 불구하고 이를 극복할 충분한 가능성을 만들어 낼 수 있다. 내부 통합이 이루어진다면 적어도 G3, 더 나아가 G2가 될 수 있는 가능성도 있다. 그렇게 된다면 한국 원화가 동북아 중심 통화로 자리 잡는 경우도 상상해볼 수 있다. 일본이 현재처럼 계속 사그라지고, 중국이 규모의 비경제 때문에 상황이 어려워진다면 말이다. 한 나라의 인구가 많다는 것은 좋을 때는 좋게 작용하겠지만, 지역별, 계층별 편차가 큰 중국에서처럼 오히려 부담으로 작용하게 될 수도 있다. 우리가 단결하여 경제적으로 협력한다면 몰아치는 파도를 잘 헤쳐갈 수 있을 것이다.

기회를 살려야 한다

코로나19 이후 글로벌 경제가 더 나아질 가능성은 여전히 존재한다. 인구 감소를 미래의 위협 요인 중 하나로 꼽지만, 여전히 세계의 인구는 개발도상국을 중심으로 증가하는 추세다. 현재 중국이 독점하고 있는 세계화의 과실을 동남아, 서남아, 아프리카와 동유럽의 국가들이 골고루 향유한다면 세계 경제는 다시 성장세로 돌아설 가능성도 높다. 이러한 전망이 있음에도 불구하고 한국이 그 기회를 살릴지는 순전히 우리의 마음에 달려있다.

위기를 온 국민이 힘을 합쳐 극복하는 것과 기회를 온 국민이 힘을 합쳐 내버리는 것. 훗날을 생각하면, 후손들에게는 그 시대에 살았던 조상들에 대한 존경과 비탄의 평가를 하는 갈림길에 있는 것이다. 안타깝지만 지금의 분위기로 보아서는 존경받는 조상보다는 후손들의 미래를 망쳐놓은 2000년대 초반이 될 것 같다. 조선 선조 때부터 후기까지 노론, 소론, 남인, 북인으로 갈라져 사상과 이념의 차이로 나라의 정치적인 판국을 흩뜨려 놓았던 사색당파의 분위기와 지금이 비슷하기 때문이다. 연개소문의 장남인 남생은 내부 화합보다는 외부 세력에 의존하여 자신의 기득권을 지키려고 했었다. 그것도 아버지 연개소문이 평생을 걸쳐 싸웠던 철천지원수인 당나라와의 손을 잡았지만, 결국 남생은 중국 당나라와 합쳐 고구려를 망하게 한 역사의 아픔을 주었다.

한국이 내분으로 글로벌 경제 회복의 기회를 살리지 못한다면 한국이 글로벌 생산기지 다극화 시대의 중심 국가로 자리매김할 기회를 놓치게 되는 것이다. 중국의 대체 생산 국가로 떠오를 만한 나라들은 많다. 그러나 그 나라들에 활용할 만한 기술과 기계를 공급할 만한 나라는 그리 많지 않다. 미국, 일본, 독일, 프랑스, 영국, 캐나다, 대만 그리고 한국 정도다. 몇몇 나라가 글로벌 기술시장을 이끌면서 경제 발전의 성과를 크게 획득할 수 있는 기회다. 그런데 그중에서 대만이 중국 리스크로 위태롭다면, 한국은 내분 리스크로 더 위태롭다. 한국이 내분 리스크를 극복한다면 다극화된 글로벌 생산기지에서 만들어낼 제품들의 소재, 부품, 장비는 물론이고 K-팝, K-드라마, K-뷰티 등 현재의 한계를 뛰어넘을 '거리'들은 차고 넘친다.

글로벌 경제가 회복함에도 내분으로 한국 내 정치적 일체성이 사라지면 북한은 대외 개방의 기회를 놓치고, 남한은 한반도에서 평화 회복의 기회를 놓친다. 글로벌 경제가 회복된다면 한국의 경제도 회복할 가능성이 높다. 이제까지의 한국 경제의 흐름을 보면 항상 그랬다. 코로나19 이후 글로벌 경제가 성장할 모멘텀(Momentum)을 찾는다면 그것은 상당한 사회적 갈등의 요소도 동반할 것이다. 우선 ICT 산업 자체가 일자리 소멸, 부의 불균등 분

배의 요소를 내포하기 때문이다. 경제 사정이 나아짐에도 불구하고 그 결과물을 즐길 계층은 더욱 소수가 되었다. 갈등은 사회적 피로도를 높여 남북관계 개선에 대한 관심도 저하는 물론이고, 저항감을 높일 수 있다.

모두가 불행하지만, 서로의 불행을 즐긴다

역사적으로 외부적인 충격을 못 이기고 망한 나라들을 보면 이미 상당 기간 망할 만한 이유, 그중에서도 내부 분열이 지속되었던 기간이 있었음을 알 수 있다. 오래전 역사를 보면 로마가 그렇고, 현대에서는 베네수엘라를 대표적인 나라로 꼽겠다. 위기가 있었지만 내부 단합으로 잘 넘긴 나라는 동서독 통일 시 서독의 동독 지역 지원에 대한 갈등을 잘 넘긴 독일을 예로 들 수 있다.

한국도 그런 위기 상황에 처했다. 한반도는 여전히 냉전체제가 계속되고 있다고 보아야 한다. 코로나19 이전까지만 해도 그런대로 한국 경제는 흘러갔다. 오히려 잘되는 것처럼 보였다. 어쨌든 세계 경제가 성장하고 있었고, 변화무쌍한 환경에 대한 기업들의 대처가 훌륭했기 때문이다. 기업의 적절한 대처가 중요한 이유는 기업이야말로 모든 경제주체 중에서 유일하게 부가가치를 만드는 집단이기 때문이다. 이런 외부적 행운과 기업인들의 능력도 오래된 내부 갈등에는 한계를 느끼기 마련이다.

최근 30년간 우리나라와 주요 선진국의 잠재성장률 추이를 보면 1991년 7.3%였던 한국의 잠재성장률이 2021년 2.5%로 떨어졌다. 미국은 같은 기간 3%에서 2%로 떨어져 1%p 하락하는 데 그쳤다. 미국은 조세 감면과 규제 완화 등 친기업 정책으로 기업의 투자심리를 자극한 덕분에 2011년 1%까지 떨어졌던 잠재성장률이 반등했다. 문제는 이런 위기 상황을 모두 알면서도 제대로 된 대처방안을 만들려는 노력이 보이지 않고, 대립의 요소만 부각되고 있다는 것이다. 선조시대 왜군이 쳐들어올 것을 동인과 서인 모두 알고 있었지만, 파당의 이익에만 이용했던 것과 마찬가지의 상황이 현재에도 일어나지 않는다고 보기 어렵다.

정부가 할 수 있는 최선은 최소한의 치안과 안보, 그리고 복지만 신경 쓰고 가급적이면 많은 분야, 특히 기업의 활동에 간섭하지 않는 것이다. 내부 분열 상태에서는 정부가 무엇을 추진해도 국민적 합의를 찾기가 어렵다. 오히려 내분만 더 깊어질 따름이다. 사회에서 부를 만들어 가는 것은 기업이고, 정부의 간섭이 없을 때 기업의 운영이 더 잘될 때가 많다. 게다가 내부적 갈등으로 혼란한 정부에서는 제대로 된 정책을 내기 어렵다. 차라리 방임해서 기업이 스스로 살아남도록 하는 것이 더 낫다.

늘어만 가는 정부 부채 버블

지난 20여 년간 글로벌 경제는 부채를 기반으로 거품을 키워오다가, 코로나19가 유행했던 단 2년 동안 20년만큼의 거품이 부풀려졌다. 이제 세계는 더 커지고 더 얇아진 버블의 붕괴를 앞두고 있다. 우선 엄청나게 커진 정부 부채 버블은 정부의 역할을 많이 제한할 것이다. 그 와중에 고령화 시대로 인한 사회복지 비용 증가, 지정학적 위기로 인한 국가 안보 위기 증가, 사회 양극화 감소 필요성 증대 등 정부 지출 욕구와 업무 부담은 줄지 않을 것이다.

미국 국가 부채 규모가 사상 최초로 31조 달러(약 4경 4,268조 원)를 넘어섰다. 미국이 인플레이션을 잡기 위해 연준의 금리를 인상하고 싶어도 어느 이상은 올릴 수 없는 이유이기도 하다. 왜냐하면 금리 인상을 많이 하면 미국 정부 예산에서 지불해야 할 이자 금액이 늘어날 것이기 때문이다. 현재까지의 금리 인상 만으로도 앞으로 10년간 연방 정부의 이자 부담이 1조 달러가량 늘어날 것이라고 한다. 미 의회 예산처(CBO)는 2022년 5월 국가 부채에 따른 이자 비용이 8조 1,000억 달러로 사상 최대를 기록할 것이라고 발표했다. 미국 공공기관의 부채의 금리가 CBO 전망치보다 1%p만 더 높아지면 2029년에는 이자 비용이 미 국방비 지출보다 커질 수 있다고 한다.

아베가 오랫동안 아베노믹스라며 무한정 정부 부채를 늘렸던 일본은 사정이 더 나쁘다. 일본의 국가 채무 잔액은 2022년 이미 1,000조 엔(약 9,800조 원)을 돌파했고, 지방자치단체 등의 채무를 합하면 1,244조 엔에 달한다. 국제통화기금(IMF)의 2021년 통계 기준으로 일본의 국가채무는 GDP의 263%로, 데이터가 공개된 세계 189개국 중 아르헨티나에 이어 두 번째로 채무가 많다. 일본의 장기금리가 1%로 상승할 경우 일본 정부가 국민들에게 지불해야 할 국채 이자는 연간 10조 엔이나 늘어난다. 미국 수준인 3%가 되면 연간 30조 엔이나 된다. 일본의 일반회계 예산 가운데 세수로 충당 가능한 금액은 고작 57조 엔밖에 되지 않는데, 만일 30조 엔을 부채 이자로 써버린다면 정부 예산의 절반 이상이 이자로 나가고, 정작 정부는 거의 아무것도 하지 못하는 지경이 된다. 이 정도면 사회복지는커녕 공무원 월급 주기도 버겁다.

한국도 상황이 좋다고 할 수는 없다. 현재 한국은 2019년 723조 2,000억 원이던 국가채무가 코로나19 위기를 거치며 2020년에는 123조 4,000억 원, 2021년에는 120조 6,000억 원, 2022년(2차 추경 기준)에는 101조 6,000억 원으로 각각 늘어 1,068조 8,000억 원에 달했다. 한국 인구 5천만 명으로 국가채무를 나누면 1인당 2,138만 원에 달하는 부채가 있는 것이다. 공공기관이 발행해 정부가 직간접적으로 보증하는 특수채까지 합치면 잔액은 1,313조 원에 달한다. 이자 상환을 위한 정부 예산으로만 2023년도 24조 8천억 원을 계상했다. 이제 정부가 부채를 늘리는 것은 불가능하고, 정부 지출을 줄이는 수밖에 없다. 가장 필수적인 지출이라는 국방비나 사회보장 부분도 어쩔 수 없이 예산을 줄여야 한다. 국민의 불만이 커지기는 하겠지만 더 이상 국가 부채를 늘려서 국민의 필요를 채워주는 일은 없어야 한다. 만일 그렇게 했다가는 바로 국가부도 사태에 몰리는 것이고, 그럼 우리의 미래세대는 더욱 암울해진다.

이제부터 할 일은 오로지 하나다. 적은 돈으로 최대의 성과를 낼 수 있는 생산성 향상, 둘째도 생산성 향상, 셋째도 생산성 향상이다. 생산성 향상을 통해서 다시 국가 경제를 정상으로 회복시켜야 한다.

강달러 시대, 한국이 가야 할 길

그렇다면 우리 사회는 어떨까?

어느 조직이나 단체든 구성원들의 단결은 생존을 위하여 매우 중요한 요소다. 한국 사회라고 인간사에서 멀리 떨어져 있는 것은 아니지만, 현대의 한국은 뭉치는 것과는 거리가 멀다.

우리나라의 갈등 수준을 파악하기 위해 2019년 실시한 한국리서치 갈등 척도에 따르면, 집단별 갈등이 크다는 의견이 다수다. 2018년 3월 조사 결과와 비교해 보면, 정규직과 비정규직, 남성과 여성을 제외한 모든 집단에서 갈등이 아주 크다는 비율이 증가했다. 이처럼 첨예한 사회적 갈등은 국민의 힘을 흩어지게 만들어 발전을 위해 힘쓰기는커녕, 갈등과 상대방의 불행을 위해 힘을 쏟는다. 열정과 노력의 자해적인 소모가 늘어날 뿐이다.

현재 한국 사회는 찢어지는 분열 속에 위험과 기회를 같이 맞이하고 있다. 한국 사회의 강점은 근본적으로 한국인의 창의성과 순발력을 바탕으로 한 제품 개발력이다. 지금 한국은 글로벌 R&D 센터가 되고 있다. 많은 해외 기업들이 한국에 연구센터를 설치하고, 그 연구 결과를 해외에서 생산하거나 확산시키는 방안으로 나아가고 있다. 한류 문화는 한국 상품에 대한 긍정적인 이미지를 높여서 수출 경쟁력에 기여하고 있다. 이들의 수출 기여도는 세계 여느 브랜드 못지않게 한국의 국가 이미지를 높여 놓았을 뿐만 아니라, 이외에도 여러 가지 한국만의 강점이 코로나19 때문에, 코로나19 덕분에 부상하고 있다.

우리 사회는 약점 또한 많다. 우선 줄어드는 내부 성장 동력이 문제다. 이는 그동안 지속되었던 글로벌 경제의 성장가도에서 한국만이 누렸던 많은 요소들, 낮았던 보호무역 장벽, 자유–공산 국가 간의 배타적 장벽, 상대적으로 적었던 국가 간의 경쟁 등이 사라졌기 때문이다. 반면에 내부적인 갈등 때문에 당연히 강해져야 할 성장 동력도 소실되고 있는 점도 걱정해야 한다. 내부 갈등은 창의적이고 경쟁력 있던 기업가들이 의욕을 상실하도록 만든다. 사실 해방 이후 한국 경제가 성장할 수 있었던 동력이 기업들이었음을 돌이켜 본다면 이들의 열정을 다시 타오르게 하는 것이 앞으로 한국이 해야 할 일 중 하나라고 생각한다.

근대 이래 한국의 역사를 보면 수많은 흥망성쇠의 굴곡이 있었지만, 결과적으로 그 성패를 결정짓는 것은 외부적인 상황보다는 내부적 결속 여부에 달려 있었다. 우리가 단결하면 얻게 될 이점도 분명하지만, 그 반대로 내부 분열 때문에 막을 수 있었던 위기를 막지 못하고, 가질 수 있었던 기회를 놓쳐버린 일들도 많다. 앞으로 더 발전하기 위해 내부 단결은 훨씬 더 중요해졌다. 왜냐하면 지금은 전 세계적으로 위기 상황이기 때문이다.

한국의 기회와 위협

한국이 향후 글로벌 경제에서 받을 기회와 위협을 분석해 보았다. 그 중심 콘셉트는 달러가 강해질 것인가, 아니면 더 강해질 것인가의 여부로 나누었다. 그 기준은 지난 2018년 2월부터 2023년 1월까지 달러인덱스 평균인 96.619로 했다. 원/달러가 아닌 달러인덱스를 기준으로 한 것은 글로벌 경제 침체 여부와 한반도 경제는 방향과 깊이가 다를 수 있기 때문이다. 그래서 코로나19 이

전부터 현재까지 달러인덱스가 이보다 높을 때는 달러 패권이 유지되고 미국 주도의 경제가 계속되지만, 이보다 낮으면 달러 패권이 약화되고 미·중 무역전쟁이 더 격화된다고 보았다(같은 기간 원/달러의 평균 환율은 1178.92).

달러 패권을 유지한다는 것은 미국의 기축통화체제가 유지된다는 것이고, 글로벌 경제가 계속해서 미국 주도하에 안정된다는 의미다. 그러나 달러 약화로 전환된다는 것은 미국 경제가 약화되고, 중국 위안화나 유럽 유로화에 밀린다는 것이다. 어쩌면 가상화폐나 기업 주도의 스테이블 통화가 급속히 커갈 수도 있다. 문제는 미국이 주도권을 상실했을 때 새로운 경제 질서가 확립되지 못한다는 데서 발생한다. 경제는 지금보다 더 심한 혼란 속으로 빠져든다. 로버트 케이건이 《밀림의 귀환》에서 묘사한 것처럼 약해진 미국식 민주주의의 틈을 타고 중국이나 러시아 같은 권위주의적 국가가 활개를 칠 것이다. 중국, 러시아, 아프리카의 독재자들은 절대 권력을 휘두르면서 자국의 체제를 세계에 본보기로 내세울 것이다. 따라서 강달러의 문제가 적지 않게 있지만, 약달러로 전환하는 것은 정글과 같은 세계가 될 수 있다는 더 큰 어려움이 있다.

강달러 시대의 기업 경영

미국과 중국의 디커플링 대비

일본이 그랬듯이 중국도 소비재와 저기술 제품에 대해서 비공식적으로 수입이 봉쇄되었다. 중국이 큰 시장이기는 하지만 우리가 잘해보자고 애쓴다고 해서 성과를 낼 정도는 아니다. 그렇다고 우리 제품이 품질이나 가격 면에서 아주 못 팔 정도는 절대 아니다. 단지 그들의 정부와 국민이 수입하지 말자고 암묵적으로 약속하고 있는 것이다. 일본의 시장 봉쇄에 우리가 성공적으로 대체 시장을 만들었듯, 중국의 시장 봉쇄에도 우리에게 호의적인 시장을 만들어 대처해야 한다.

한국과 일본의 무역에서 언제나 문제가 되는 것은 '대일 무역 적자'이다. 그리고 주요 품목은 소재 및 부품이다. 하지만 이제는 그런 추세가 줄어들고 있으며, 자동차 부품 등 일부 품목에서는 역전 현상이 일어나고 있다. 대외 무역에서 상호 의존도는 일본에서 한국의 비중이 더 높다. 한국의 대외 교역에서 일본은 5위인데 반하여, 일본에서 한국은 3위다. 이제는 일본에 대한 아쉬움을 털어버릴 때가 되었다. 대신에 더 호의적이고 더 쉽게 진출할 수 있는 다른 지역에 노력을 집중하는 것이 바람직하다고 생각한다.

일본은 자기 시장은 닫아놓고, 열려 있는 남의 시장에서 이익을 챙기기에 열중하였다. 그들이 유일하게 문을 연 나라는 미국뿐이다. 다른 나라에서는 뻔히 잘 팔리는 한국의 자동차, 한국의 가전 전자제품이나 스마트폰이 유독 일본에서 팔리지 않는 것은 그러한 폐쇄성 때문이다. 우리가 팔 물건이 별로 없을 때, 아는 게 그저 일본 시장뿐이었을 때는 노력에 비하여 성과가 제대로 있었는지를 따질 겨를이 없었다. 하지만 이제는 아니다. 해외에 우리 제품을 판매할 시장도 많고, 팔 만한 물건도 충분히 있고, 그럴 만한 해외 마케팅 능력과 경험도 가졌다. 삼성이나 현대가 일본에서 철수한 이유는 노력 대비 성과가 없었기 때문이지, 그들의 실력이 부족했던 것은 아니다. 삼성과 현대가 다른 미국이나 유럽계 회사보다 심한 차별을 받기는 했겠지만, 삼성과 현대만의 문제는 아닌 것은 분명하다. 굳이 배척하는 곳에 힘겹게 들어가려고 애쓸 필요가 없다. 그 노력으로 다른 곳에 기분 좋게 들어가는 편이 비용이나 시간을 훨씬 절약하며 수출도 더 늘릴 수 있는 지름길이다. 그리고 실제로 가전제품, 스마트폰과 자동차는 일본을 넘어서 우리나라의 세계 시장 점유율이 가장 높다.

　마찬가지로 중국도 우리에게 시장을 봉쇄했다. 삼성 스마트폰의 중국 시장 점유율이 0%대이다. 현대자동차나 기아자동차 역시 쫓겨난 수준이다. 그렇다고 한국 제품의 품질이 낮은 것은 아니다. 화장품이나 문화 상품을 보면 알 수 있다. 한류 열풍에 힘입어 한국 제품의 세계 시장 점유율을 높여가고는 있지만, 여전히 한한령에 묶여서 중국에 수출하지 못하고 있다. 어떤 사람은 중국 제품의 품질이 좋아지고 가격은 낮아서 그렇다고 하지만, 한국 제품이 중국 시장에 대한 수출이 낮아지고 있는 것은 중국의 대한국 제품 봉쇄가 주된 이유다. 우리가 중국 시장에 적응하지 못해서 그런 것이 아니라, 중국에서 한국 제품을 배척하려는 정치적 이유 때문이다.

　다행히도 대중국 수출이 줄어든 만큼 다른 지역으로의 수출이 늘어나 큰 영향을 받지는 않았다. 2022년 한국의 수출은 7.8% 늘어났다. 중국이 포함된 아시아 지역을 보아도 4.3%가 늘었다. 중국이 줄어든 만큼 동남아에서 늘었다는 증거다. 2022년도 무역 적자는 중국 수출이 줄어서가 아니라, 에너지 가격이 급등했기 때문이다. 우리는 중국 시장을 과대평가하고 있다. 중국 제품의 대부분이 소재·부품·장비 제품이고, 이 제품들의 대부분은 중국에서 가공되어 다른 지역으로 수출된다. 중국이 한국을 봉쇄할 때 우리는 이 중간제품을 만들만한 곳을 찾아내어 대체 수출지역으로 개발하면 된다. 현재로서는 인도와 동남아 지역이 그 역할을 하고 있다. 이 두 지역에 대한 시장개발 노력을 한다면, 중국에 대한 의존도를 낮출 수 있다.

중국의 한국 제품에 대한 봉쇄가 더 강해지고 더 고기술 제품으로 이행되기 전에 대체 시장을 만드는 노력을 더 해야 한다.

디지털을 과신하지 마라

내가 판매하는 신발은 좀 독특하다. 신발을 신되, 최대한 신발을 신은 느낌을 주지 않기 위해 노력하며 만들었기 때문이다. 좀 나이가 있는 분들을 위한 신발이다. 유통은 주로 인터넷으로 하지만 전화로도 꽤 팔린다. 인터넷이 익숙하지 않은 분들은 회원가입하고 때마다 비밀번호를 변경해야 하는 인터넷보다 전화로 사는 것이 더 편하기 때문이다. 또 꽤 많은 분이 창고로 와서 직접 신어보고 사기를 원한다. 보통 매장에 오면 이 신발 저 신발 10켤레 정도는 신어보고 걸어보면서 대략 30분 정도의 시간을 소비한다.

언뜻 생각하면 이해하기 어렵다. 인터넷으로 주문하면 택배비 3,000원 정도로 전국 어디서나 집에서 편하게 받아볼 수 있다. 그런데 3,000원 이상의 비용과 두어 시간을 투자해 인천, 여주 등지에서 굳이 신어보고 사려 찾아온다. 신고 벗는 과정에 우리 신발의 개선점, 잘못된 점을 찾을 수 있다는 이점이 있다. 충성도 또한 디지털 방식으로 구매하는 고객보다 아날로그 방식으로 구매하는 고객들이 더 높다. 별다른 광고를 하지 않고도 꾸준히 성장하는 이유는 바로 이런 아날로그 고객들의 입소문 덕분이다.

《아날로그의 반격》을 쓴 데이비드 색스는 디지털화가 진행되면서 모든 사물의 운명은 디지털화되는 것이라고 생각했었지만 이는 틀렸다고 말한다. 잡지는 온라인으로만 존재할 것이고, 모든 구매는 웹을 통해서만 이루어질 것이며, 교실은 가상공간에 존재하게 될 줄 알았다. 컴퓨터가 대신할 수 있는 일자리는 곧 사라질 일자리이며, 프로그램이 하나 생길 때마다 세상은 비트와 바이트로 전환될 것이고, 그 결과 우리는 디지털 유토피아에 도달하거나 아니면 터미네이터와 마주칠 것처럼 보였다. 그런데 게임 말고 직접 소비자에게 팔만한 디지털 제품은 여전히 많지 않다. 대부분 아날로그 제품이다. 코로나19의 극성이 잠잠해지는 요즘, 기업들은 직원들에게 다시 출근하라 요구하고 있다. 아직 인간은 아날로그 방식에서 벗어나지 못했다. 0과 1을 무한 반복하는 디지털 시대에도 인간은 아날로그 감성에 익숙하다.

물건을 사고팔거나 음식을 파는 식당은 소규모로 시작할 수 있다. 반면 디지털 바탕의 사업은 최소 몇십억 원은 있어야 시작이라도 해볼 수 있다. 디지털 사업은 길거리에 좌판 깔고 하는 장사와는 달리 시작했다 하면 전국적 규모 또는 세계적 규모가 되어야 한다. 요즘 디지털 사업은 시작하기도 어렵지만, 키우기도 어렵다. 쿠팡은 2010년 창업한 이래 10년 동안 적자였고, 투자받는데도 적지 않은 시간과 자기 자본이 필요했다. 보통 사람은 시작할 엄두도 못 낼 정도의 규모였다. 그만큼 디지털 사업의 자본 장벽이 높아졌다.

인간이 세상에 살고 인간의 돈이 세상에 흐르는 한 아날로그는 여전히 돈의 중심에 있다.

재고 자산의 확보

　나는 앞으로 자금의 여유가 있는 한 최대한 재고를 확보하려고 한다. 그래서 작은 창고지만 신발로 꽉꽉 채워가고 있다. 조금 비었다 싶으면 불이 나게 주문한다. 심지어는 여분의 공간도 확보해서 신발을 채운다. 새로운 모델이 나와서 시장의 반응이 괜찮다 싶으면 두어 달 판매량을 미리 확보한다. 다행인 것은 신발이 썩지 않는 제품이라는 것이다. 내가 이렇게 재고 확보에 중점을 두는 것은 생산과 운송에서 불확실성이 높아졌기 때문이다. 게다가 환율의 변동 폭도 커졌다.

　2021년 초에는 중국의 생산기지와 항구가 봉쇄되고 춘절이 한 달간 지속되는 바람에 석 달간 신발을 받지 못했다. 겨울 장사를 거의 망친 셈이다. 그 이후로 생산 지연, 운송 지연이 잦아졌다. 그리고 2022년 후반부터는 환율 변동 폭이 꽤나 커졌다. 2022년 초 달러당 1,100원 언저리를 오가던 환율이 연말에는 1,450원 근처까지 오르기도 했다. 원가로 따지면 거의 30%나 오른 셈이다. 여기에 부가세 상승분까지 합하면 가격 인상이 불가피했다. 그럼에도 불구하고 우리 회사가 별 탈 없이 지나갈 수 있었던 것은 불안한 시대에는 현금과 현물이 최고라고 생각하고 재고를 확보해

두었기 때문이다.

물론 회사마다 상황이 다르니 재고를 쌓아 놓는 것에 대한 효율성이 일률적이지는 않을 것이다. 그리고 안 팔리는 물건까지 과다하게 구매할 필요는 없다. 그러나 잘 팔리는 모델 위주로 최대한 재고를 확보해야 한다고 생각한다. 한동안 JIT(Just in time, 적기공급생산 또는 적시생산방식) 관리 방식이 유행했다. TPS(Toyota Production System)라고도 하는 JIT 방식은 재고를 쌓아두지 않고 필요한 때 부품을 공급받아 생산하는 방식이다. 그렇게 함으로써 자금과 공간의 사용을 최소화하면서 경영효율의 최적화를 달성한다.

그런데 JIT는 내가 필요로 할 때 언제든지 제품을 납품해줄 수 있는 공급업체가 있어야 가능하다. 이 부분이 코로나19로 불안해졌다. 환율 변동 폭이 커지면서 주문하고 창고에 들어오는 기간 동안 환율이 바뀌면 그 상품의 원가도 달라진다. 그렇다고 그때마다 판매 가격을 변동할 수는 없다. 이제 장사를 할 때도 안정적이라는 단어를 듣기 힘들다. 이런 외부적 상황에 영향을 적게 받으려면 역시 창고를 꽉꽉 채우는 수밖에 없다.

환율 연동 가격

환율이 1,150원에서 1,450원까지 올라갈 때는 이게 무슨 일인가 싶었다. 그러다 2000~2004년도에 내가 했던 일이 다시 생각났다. 그때는 유로화가 본격적으로 통용되기 시작할 때였다. 애초에 유로는 달러와 1:1의 가치를 갖도록 설계하고 시작되었다. 그런데 처음에는 달러보다 조금 높아지다가 차츰 낮아지더니 달러보다 한참 낮아졌다.

그때 나는 발가락 양말을 국내에서 제조해 유럽으로 수출하는 비즈니스를 시작했다. 그래서 1유로당 950원 정도에서 양말 가격을 정했다. 그런데 원/유로 환율이 미친 듯이 올라가기 시작해서 1,400원을 넘었다. 어차피 유로화로 지불하니 바이어들은 환율의 영향을 받지 않고, 나만 신이 났다. 덕분에 그 환차익을 고스란히 맛보았다. 그런데 바이어들도 나의 신나는 상황을 알고 있을 것 같았다. 그래서 환율이 떨어지면 가격도 다시 회복하기로 약속하고 할인가를 논의했다. 그 생각을 하니 이번에도 어떻게 할지 생각이 떠올랐다. 중국 거래처에 연락해서 우선 원/달러 환율 변동 상황을 설명했다. 당연히 중국도 비슷한 상황이니 달러당 6.5위안에서 7.3위안까지 올랐다. 가격을 할인해달라고 요구하며 상황이 바뀌면 다시 정하자고 했다. 물론 상대방도 아직 급변하는 환율에 어리둥절하고 있던 때라 할인을 많이 받지는 못했지만, 서로 공감대는 충분히 형성할 수 있었다.

이건 기준 환율에 대한 상호 공감대가 필요하다. 예를 들면 원/달러 기준 환율을 정한다. 그리고 수입할 때 내가 감당할 수 있는 환율의 최고치를 정한다. 최고치는 이 이하로 내려가면 나의 이익이 거의 없거나 손해 보는 수준이 되는 정도이다. 그리고 수입할 때 최저치를 정한다. 이 최저치가 1,000원이면 나는 상당한 이익을 보겠지만, 나에게 수출하는 상대방은 거래를 그만하자고 할 정도로 환율이 낮아질 것이다. 이런 상황은 내가 미국 거래선과 달러로 거래하지 않고, 중국, 핀란드나 캐나다 같은 제3국과 달러로 거래할 때도 비슷하다. 왜냐하면 달러를 제외한 모든 화폐가 달러와 연동되어 있어, 달러가 강하면 다른 나라의 화폐 가치는 약해지고, 달러가 약하면 다른 나라 화폐의 가치는 강해지기 때문이다. 이렇게 환율 연동 가격을 정하려면 수입상과 수출상이 서로 오랜 기간 비즈니스를 할 것이라는 믿음이 있어야 한다. 단기간 거래할 상대와 시시때때로 변하는 환율에 따라 가격을 정하기는 어렵다.

한국은 좁고 세계는 넓다

한국에서 무언가를 만들어서 파는 회사들은 필연적으로 수출을 해야 한다. 여러 가지 이유가 있지만, 가장 결정적인 이유는 한국만으로는 시장이 너무 작다는 것이다. 한국이 세계 경제 규모 10위권이라고 하지만, 인구는 5천 만이 채 넘지 않으니, 뭐를 좀 팔았다 싶으면 어느새 시장은 포화가 되어 있다. 그러다 보니 내수만으로는 회사의 규모나 수익성을 키우기 어려운 구조적인 문제가 있다. 경제 규모 10위라는 것도 사실은 수출로 인한 국민소득이 높아져서 그렇다는 것이지, 인구가 5천만 명에 불과한 한국이 인구 1억의 나라처럼 내수만으로 물건을 많이 팔 수 있다는 것은 아니다. 기본적으로 내수시장에서 충분한 수익구조를 낼 수 있는 규모를 인구 1억 명 정도로 본다.

한국은 세계에서 인구 밀도가 가장 높은 데다가, 영리한 사람들이 몰려 있다. 항상 먹거리는 부족한데 경쟁자는 많다. 그래서 히트할 만한 새로운 제품이 나오면 너도나도 만들어서 특허를 가진 사람이 사업을 시작한다. 수익을 올리기도 전에 시장에서 수많은 해적판 경쟁자를 만나게 된다. 게다가 한국은 생각보다 시장이 매우 세분화되어 유행을 따르는 것 같으면서도 남과 같은 것을 싫어한다. 결국 동일한 사업 분야에서 수요는 많은 것 같지만 실제로 사려면 살 것이 없고 팔자니 팔 것도 없다는 말이 나온다. 거기에다가 한국의 내수시장이 더 어려운 것은 시장의 흐름이 세계 어디에서도 비슷한 사례를 찾아보기 어려울만큼 그 흐름이 매우 빠르기 때문이다.

한국에서는 제품의 라이프사이클이 너무 짧고 시장 규모가 작다 보니 아무리 잘해도 수익성을 내기 어려워, 지속적인 성장을 기대하기가 어렵다. 그래서 한국에서 웬만큼 오래되었고, 규모가 된다고 하면 다 수출 기업인 경우가 많다. 수출을 하면 여러 가지 장점이 따른다. 가장 큰 장점은 규모의 경제를 살릴 수 있다는 것이다. 내수시장에서 100번 마케팅하고 영업을 해야 팔 수 있는 정도의 물량을 한번에 해외 시장으로 보낼 수 있다.

규모의 경제를 갖게 되면 상당한 이점이 있다. 우선 생산단가와 영업비용을 낮출 수 있고, 그로 인한 내수시장에서의 경쟁력도 확보가 더 수월해진다. 또한 위험을 분산할 수 있다. 라이프사이클이 짧고 시장 세분화가 매우 좁게 되어 있는 한국만을 상대할 때보다는 비교적 시장의 흐름이 길고 규모가 있는 해외 시장을 상대로 한다면 하나의 제품을 만들어서 오랫동안 판매하는 것이 가능하다. 갑자기 유행하다가, 어느 순간에 사라지는 위험도 줄어든다. 때로는 한국에서 한물간 물건이 외국에서는 이제 막 시작되는 경우도 많다.

다음으로 수익성이 높아진다. 규모의 경제가 커지고 위험이 분산된다는 것은 경영에서 상당한 효율성을 기할 수 있다는 의미다. 게다가 판매대금의 회수위험도 낮아진다. 또한, 지속적인 성장이 가능해진다. 바다 건너 멀리 떨어진 나라들과의 무역은 좁고 급격한 내수시장만큼 상황이 빨리 변하지 않는다. 그건 수출자나 수입자나 모두 어느 정도는 긴 호흡을 가지고 시장을 예측하려 하고, 이에 따라 물건을 사고팔기 때문이다. 안정성이란 면에서 보면 사업을 하는 입장에서 대단한 장점이다. 일단 거래를 트기 시작하면 거래처를 바꾸기가 매우 어렵다. 바이어에게 믿음을 주었다면 적어도 몇 년은 계속해서 관계를 유지할 수 있다.

이외에도 해외 시장의 흐름을 빨리 알 수 있어서 신제품을 내는 데 중요한 정보를 받아들일 수도 있다. 나 같은 경우는 핀란드, 독일, 캐나다의 바이어들과 'Feelmax'라는 하나의 브랜드로 움직이면서 각자의 시장 정보를 공유하기도 한다. 그리고 그 정보를 바탕으로 신제품을 만들고, 미래 시장을 예측하여 마케팅 계획을 세우기도 했다. 그래서 비록 독일, 캐나다 핀란드에서 각자 독자적인 경영을 하지만, 웹사이트에서 보면 마치 하나의 회사처럼 움직였다.

물론 수출이 생각보다는 쉽지 않다. '딱'하고 물건을 내놓으면 바로 '된다, 안 된다'는 반응을 보이는 내수시장보다는 마케팅

이 오래 걸리고, 해외 소비자들의 취향을 파악하기 어렵다. 그렇지만 많은 기회가 주어지는 것은 틀림없다. 수출과 내수를 겸비한다면 성장 규모, 지속가능성, 위험 분산등 이점을 누릴 수 있다는 것은 분명하다. 그러니 보다 적극적으로 해외 시장을 두드려 볼 필요가 있다. 때로는 내가 노력하지 않았는데, 해외 바이어가 먼저 제품을 만들어 달라고 요구하기도 하고, 국내 수출업체에서 대신 수출해 보겠다고 하기도 한다. 코트라에서 해외 인콰이어리를 보내는 경우도 있다. 일단 해보자는 경영진의 의지가 가장 중요하다.

강달러 시대의 자기 계발

기회는 많다

이 시대는 총체적 난국이다. 나도 감을 잡기 어렵다. 그럼 이럴 때는 어떻게 살아야 할지 고민해야 한다. 나뿐만 아니라 자식 미래도 같이 걱정해야 한다. 그런데 가만히 생각하니 그리 힘들 것 같지는 않다. 그러니까 밥은 굶지 않겠다는 것이다. 대신에 편한 삶, 안정적인 삶을 영위하기도 쉽지 않겠다. 사회의 안정성과 불확실성이 증대하지만, 사람도 그만큼 줄어들고 있다. 가까운 예로 미국이나 일본을 보자. 경제가 어렵다고 해도 실업률이 높지 않다. 거의 완전 고용에 가깝다. 심지어는 일할 사람이 없어 외국인 노동자까지 들여오지 않는가? 한국도 그런 점에서는 마찬가지다. 단지 가고 싶은 자리와 오라는 자리가 일치하지 않을 뿐이다. 그러니 우선은 마음을 편하게 갖자. 나빠도 일자리는 있으니 굶지는 않는다. 부지런하지 않아도 그런대로 살 수는 있다는 배짱을 가져도 된다. 요즘은 나이 들어서도 일자리가 있다. 나이 들어서도 일자리를 만들 수 있다.

특히 젊은 사람들에게는 기회가 많다. 일단 역사 이래 한국의 이미지가 이렇게 좋은 적이 없다. 국내에서 살 때는 잘 모를 수도 있지만, 해외에 나가보면 한국 이미지가 사업 기회, 보다 높은 연봉과 관계가 매우 깊다는 것을 실감할 때가 많다. 앞으로 기회는 많다. 세계 경제가 어려워지는 데 한국이라고 별거 있겠나 싶은가? 별거 있을 수 있다. 비 오면 우산 장사가 흥겹다고 하지 않는가. 세상 다른 나라가 다 어려워져도 한국은 더 좋아지거나, 최소한 덜 나빠진다. 외국 기업이 한국 제품을 좋아하고, 머리 좋은 한국 사람을 뽑으려 하고, 한국 드라마, 영화, 노래가 글로벌 1위를 밥 먹듯이 하고 있다. 이제는 한국 음식도 좋아한다. 한국의 술이 세계에 알려지면 한국 문화는 그야말로 세계에서 아주 고급스러운 문화로 우뚝 설 것이다. 왜냐하면 개인적으로 술이 최고의 문화 상품이라고 생각하기 때문이다. 그럼 이런 기회를 잡으려면 어떻게 해야 할까?

무리하지 마라

나는 큰돈을 투자했다가 피를 본 적이 있다. 그때는 알량한 자리라도 보전해 볼까 싶어 돈을 넣었다. 그런데 투자받은 사람들은 고맙다고 하지도 않고, 결국은 상황이 계속 나빠져서 망했다. 그 회사는 나름 분야에서 알아주고 기술력이 있기는 했지만, 내부가 아주 아수라장이었다. 경영진과 기술진, 그리고 직원과 직원 사이의 알력이 보통이 아니었다. 나는 그걸 알고 있었다. 왜냐하면 그 회사에서 나의 위치가 아주 애매했기 때문이다. 직원은 아니지만 직원이 아닌 것도 아니고, 투자자인 것 같으면서 투자자 대접도 못 받고, 채권자인 것 같으면서 채권자 대접도 못 받았다. 그러면서 해외 영업 업무는 다 하면서 힘쓸 일 있으면 다른 기술직처럼 일하기도 했다. 그렇게 몇 년 지내다 보니 바이어랑 상담할 때 웬만한 규모는 내가 기존에 있던 공장이나 기계 설계도를 고쳐서 수출 가격을 낼 수 있었다. 그러다 보니 사람들은 저마다 나를 자기 편이라고 생각했다. 노동자들은 노동자들대로, 기술자는 기술자대로, 경영진은 경영진대로 자기 속마음을 나에게 편하게 말했다. 아무리 기술이 좋아도 잘 될 리가 없었다. 그런 회사에 그 큰돈을 투자하다니, 지금 생각하면 왜 그런 바보 노릇을 했을까 싶다.

마음이 급했다. 그 자리에서 뭔가 이루어서 한몫 잡고 다시 내

일을 하거나, 그 회사에서 괜찮은 자리 꿰차고 편하게 살고 싶었다. 실제로 그런 기회가 오기도 했다. 북경 기계 전시회에 가서 그 당시 5천만 원 하는 기계 50여 대 주문을 약속받았다. 비용도 대만의 바이어가 모두 냈다. 그런데 전시회장에 가서 기계를 돌리면 액체가 새는 것이었다. 사람 많은 데서 걸레질만 하다가 3박 4일이 지나고 결국 꽝이 되었다. 기술자들이 성의 없게 제작한 것이다. 나중에 보니 그 기술자들은 이미 빼돌리기로 작정한 상태였다. 돌이켜 보면 투자하지 말아야 할 곳에 투자했고, 그건 거의 사기나 마찬가지였다. 나의 힘든 사정을 잘 아는 사람들의 달콤한 말에 내가 넘어간 것이다.

한동안 나에게 많은 사람이 사업을 제안했다. 그때마다 혹해서 넘어가기도 하고, 넘어가고 싶은데 못 넘어간 적도 있었다. 그리고 다른 사람들을 돌아보았다. 사기에 넘어가기도 하고, 터무니없는 일에 뛰어들기도 한다. 마음이 급해서, 도와주는 사람이 그럴 듯 해보여서 없는 돈, 그나마 남은 기력을 다 쏟아붓는다.

왜 그럴까? 무리해서 그렇다. 과욕을 부려서 그렇다. 힘이 들고 다시는 기회가 없을 것 같아서 그렇다. 어렵더라도 겁먹지 말고, 자신감을 가져야 한다. 그리고 세상에는 내가 부지런하기만 하면 기회는 널리고 쌓였다. 무리하고 포기할 때 진짜 무너진다. 그러니 무리하게 살지 말자.

부지런히 읽어라

무리하지 말자고 해서 가만히 있자는 이야기는 아니다. 자신감을 가지려면 성과를 꾸준히 만들어야 한다. 세상 돌아가는 것을 잘 알아야 하고, 방향도 맞아야 한다. 그리고 돈 버는 방법을 많이 알아야 한다. 그런데 현대 사회는 글로 돈을 버는 사회다. 사무직이든, 기술직이든 보고서를 쓰고 인터넷을 통해서 다른 사람들과 글로 소통하는 사회다. 글로 돈을 버는 시대가 되었다.

글로 돈을 버는 방법은 둘 중 하나다. 써서 남들에게 많이 읽히느냐, 아니면 남이 쓴 걸 읽고 버느냐. 돈을 벌게 해주는 책은 많다. 주식으로 돈 벌자, 경매로 돈 벌자, 나는 이렇게 해서 돈 벌었다 등등 세상에 거의 모든 돈 버는 방법이 책으로 나온다. 혹시 돈을 이미 충분히 벌어서 그런 책은 읽지 않아도 되는가? 그럼 번 돈을 어떻게 관리해야 하는지에 대한 책을 읽어야 하지 않을까? 책을 읽지 않고 돈 번 사람과 책 읽고 돈 번 사람, 어느 쪽이 더 많을까에 대한 고민을 해볼 수도 있다.

책을 읽어서 돈 버는 방법에 대해 말해보려고 한다. 일단 돈을 벌려면 종잣돈이 있어야 한다. 그런데 그 종잣돈을 만들기가 무척 어렵다. 아버지가 재벌이라면 사는 데 큰 문제가 없겠지만, 그런 금수저를 입에 물고 태어난 사람은 많지 않다. 일단 월급이나

아르바이트로 돈을 벌어야 한다. 그러려면 월급을 많이 받거나 남들이 나에게 좋은 일거리를 좋은 가격에 꾸준히 줄 수 있도록 능력을 갖추어야 한다. 지식사회인 요즘 힘이 세다고 일을 잘하고 많이 할 수 있는 자리는 흔하지 않다. 또 그런 일을 하려면 몸도 건강하고 근육도 있어야 한다. 그런 타고난 힘이 없으면 머리를 키워야 한다. 책을 읽어서 지식을 키우는 게 돈 버는 것이다.

일단 종잣돈을 만들었다면 좋은 기회를 잘 포착하는 게 돈벌이의 첫걸음이다. 또 나 자신을 잘 알아야 한다. 나 자신을 제대로 알 만큼 똑똑한 것도 책을 읽어야 가능하다. 사기를 당하지 않는 것도 중요하다. 남들은 잘하는 데 혼자 못 버티는 것도 어리석은 일이다. 세상살이 끈기 있게 버티는 게 잘하는 것만큼 중요하다. 한때 잘하다가 못 버티면 끝이다. 지금 어렵지만, 앞으로 좋은 날이 올 거라는 기대감으로 버텨야 한다.

주식 한 방으로 크게 벌면 된다고 생각하는가? 그럼 손절매부터 배워야 한다. 월급쟁이는 직장에서 승승장구하여 승진하는 게 최고 돈벌이라고 한다면 직장 생활 잘하는 방법에 관한 책을 읽어 보자. 돈을 벌겠다면서 책을 멀리하는 것은 눈 감고 고속도로를 운전하는 것과 마찬가지다. 눈을 뜨고 조심해서 방어 운전을 해도 길 건너 차가 갑자기 달려올 수 있는, 그런 불확실성이 가득한 세상에서 그저 안 되면 되게 하라는 식의 경영은 실패할 가능성이 높다. 책을 읽어야 한다. 책 안에 있는 방법들을 직접 활용해보자. 그래서 돈을 벌려면, 덜 깨지려면 책을 읽어야 한다. 책을 읽으면 돈이 된다는 말이 괜히 나온 것이 아니다.

책을 읽을 때도 방향성이 있어야 한다. '내 미래는 어떨까? 내 미래는 어떻게 되어야 한다!'는 미래지향적인 방향을 추구해야 한다. 그러려면 세상의 미래도 알아야 한다. 그리고 세상의 미래를 예측하고, 거기에 맞춰 내 미래를 만든다고 생각하고 책을 읽어야 한다. 그냥 좋아서 읽는 책도 좋지만, 책을 통해서 내 삶에 구체적인 도움과 성과를 내야 한다. '앞으로 미래가 어떻게 될 것인가?'라는 질문에 내 예측을 말한다면 틀릴 확률이 높을 것이다. 하지만 중요한 것은 미래를 예측하면서 필요한 지식을 갖추고 적합한 행동 양식을 만들며 살아야 한다는 것이다. 학문의 가장 중요한 목표는 미래다. 심지어 과거를 공부하는 역사도 미래를 알기 위해서지, 그냥 과거를 알자는 게 아니다. 그래야 내 미래를 내가 만들 수 있다.

자기 홍보에 최선을 다하라

돈을 벌기 위해 책을 읽자고 했다. 또 하나, 내 글일 많이 읽혀도 돈이 된다. 우선 인플루언서나 유튜버들을 생각하면 될 것이다. 그들이 쏠쏠하게 돈 버는 것을 잘 알고 있지 않은가? 그들이 자신이 쓴 글을 바탕으로, 혹은 영상을 잘 만들어서 잘나가고 있는 것은 분명하다. 인플루언서가 글을 한 번 쓰면 수천, 수만 명이 그 글을 읽는다. 그러다 보니 여행사, 음식점 등에서는 자기 회사나 식당을 소개해 달라고 부탁한다. 광고인 것이다. 그들의 영향력 덕분이다.

나는 사업을 위해 글을 쓴다. 실제로 내가 쓴 글, 유튜브 영상을 보고 신발을 사려는 사람들이 많다. 요령은 별거 없다. 부지런히 쓰는 것이다. 질과 양, 둘 중에 어느 게 먼저냐고 물으면 망설이지 않고 양이 많아야 질이 좋아진다고 답한다. 내 글도, 내가 파는 신발의 판매량도 그렇다. 이것저것 마구 쓰다 보니 내 이름, 내 사업이 검색되고, 그러니 신발이 팔리는 것이다. 많이 읽으니 아는 게 많아지고, 아는 게 많아지니 쓰고 싶은 게 많아지고, 많이 쓰다 보니 검색도 많이 되고, 검색이 많이 되니 장사에도 도움이 된다.

어떤 사람들은 이런 걸 싫어하기도 한다. 자기 발전을 위해 책을 읽고 글을 쓰는 것이지 수익을 위해 글을 쓰다 보면 내용이 없어진다고. 물론 맞는 말이기도 하다. 그러나 결국 사람은 사람과 연결되어야 한다. 자기 홍보를 열심히 해야 한다. 조금만 뻔뻔해지면, 세상이 즐겁다. 조금만 뻔뻔해지면 세상이 나를 알게 된다. 조금만 뻔뻔해지면, 내가 조금 과대 평가되고 일거리가 몰려온다.

나는 젊은 사람들에게 겸손하기보다 오만해지라고 말한다. 겸손은 무언가를 이루어 놓은 사람들에게 해당하는 말이지, 나처럼 사업에 실패해서 있던 집도 날리고 신용불량에서 갓 벗어난 사람이 하는 건 아니라고 본다. 그럼 언제부터 겸손해야 할까? 다른 사람이 내 글에 딴지를 많이 걸 때부터 겸손하면 된다. 자신감을 잃지 않고, 많이 읽고, 많이 쓰면서, 자기 자랑 많이 하자. 내가 이런 것을 할 수 있고, 이런 것을 알고 있고, 이런 생각을 가지고 있다는 것을 세상에 널리 알려라. 그럼 다가오는 불황기에도 기회는 온다.

초강달러 시대, 돈의 흐름
금융위기를 대처하는 돈 공부

초판 1쇄 발행 2023년 4월 12일

지은이 홍재화
펴낸이 박영미
펴낸곳 포르체

책임편집 임혜원
편집 김성아 김선아
마케팅 손진경 김채원
디자인 황규성

출판신고 2020년 7월 20일 제2020-000103호
전화 02-6083-0128 | 팩스 02-6008-0126
이메일 porchetogo@gmail.com
포스트 https://m.post.naver.com/porche_book
인스타그램 www.instagram.com/porche_book

여러분의 소중한 원고를 보내주세요.
porchetogo@gmail.com